珍藏本
纪念版

汉译世界学术名著丛书

宗教的自然史

〔英〕休谟 著

曾晓平 译

2017年·北京

David Hume

THE NATURAL HISTORY OF RELIGION

The Chinese version is translated from the text included in *The Philosophical Works of David Hume*, Volume 4, Edinburgh: Printed for Adam Black and William Tait; and Charles Tait, 63, Fleet Street, London, 1826; and revised with reference to *The Natural History of Religion and Dialogues Concerning Natural Religion*, edited by A. Wayne Colver and John Valdimir Price, Oxford: Clarendon Press, 1976; and *A Dissertation on the Pallions and The Natural History of Religion: A Critical Edition*, edited by Tom L. Beauchamp, Oxford: Clarendon Press, 2007.

译文根据 1826 年爱丁堡版《休谟哲学著作集》第四卷收录的文本翻译，并参照 A. Wayne Colver 和 John Valdimir Price 编辑 1976 年牛津克莱伦敦出版社出版的《宗教的自然史和自然宗教对话录》和 Tom L. Beauchamp 编辑 2007 年牛津克莱伦敦出版社出版的历史教订版《论激情和宗教的自然史》校订。

汉译世界学术名著丛书
（120年纪念版·珍藏本）
出 版 说 明

2017年2月11日，商务印书馆迎来120岁的生日。120年前，商务印书馆前贤怀揣文化救国的理想，抱持“昌明教育，开启民智”的使命，立足本土，放眼寰宇，以出版为津梁，沟通中西，为中国、为世界提供最富智慧的思想文化成果。无论世事白云苍狗，潮流左右激荡，甚至战火硝烟弥漫，始终践行学术报国之志，无改初心。

迻译世界各国学术名著，即其一端。早在20世纪初年便出版《原富》《天演论》等影响至今的代表性著作，1950年代后更致力于外国哲学和社会科学经典的译介，及至1980年代，辑为“汉译世界学术名著丛书”，汇涓为流，蔚为大观。丛书自1981年开始出版，历时三十余年，迄今已推出七百种，是我国现代出版史上规模最大、最为重要的学术翻译工程。

丛书所选之书，立场观点不囿于一派，学科领域不限于一门，皆为文明开启以来，各时代、各国家、各民族的思想与文化精粹，代表着人类已经到达过的精神境界。丛书系统译介世界学术经典，

念并不需要预设神的实存，而产生于人的本性中的激情或情感的驱动和想象力的拟人化；人类的最初的宗教不是一神信仰，而是多神信仰；多神信仰起源于人类对未来事件的恐惧和希望等日常生活的激情和情感；从多神信仰的逐渐演化和理性的不断抽象中产生出一神信仰；一神信仰和多神信仰在人类历史上交替盛衰。他通过比较表明，多神信仰和一神信仰各在其优劣和利弊，但多神信仰比一神信仰更宽容、更合理、更能动和更有利于社会。由此他提出一种对宗教理念的起源、演变和后果的心理主义说明。但是这种心理主义说明并不是休谟对宗教的考察的全部结论。根据人类的宗教信念和宗教现象的多样性和复杂性以及人们的宗教原则和宗教实践之间的矛盾，休谟基于人的本性中的理性而提出，所有这一切都是不可说明的奥秘，理性对待宗教的态度是怀疑主义和悬置判断。

休谟的《宗教的自然史》的写作和最初出版过程相当长久而曲折。它的最初写作时间现在已经无法考证，大致可以追溯到1749年他修改《道德原则研究》、撰写《政治论文集》和《自然宗教对话录》的时期。1752年休谟被选为苏格兰律师公会图书馆的管理员，这或许是他写作和修改《宗教的自然史》的非常便利的条件。从休谟书信中我们能够确定的是，1755年该书就已经写作完成。当时休谟把《宗教的自然史》《论激情》《论悲剧》和《论几何学的形而上学原则》四篇论文汇集成册，写信给他的出版商安德鲁·米拉提议出版，米拉接受他的提议。但是在第四篇论文印刷之前，数学家斯坦厚普爵士令休谟信服《宗教的自然史》还存在论证或明晰方面的缺点，休谟立即给米拉写信要求撤回这篇论文。米拉同意休谟的要求，认为余下三篇论文无法成册出版；于是休谟给他寄去另外两篇论文《论自杀》和《论灵魂不死》，书名由《论文四篇》变成《论文五篇》。该书印刷完成后，在正式销售之前，休谟出于审慎又撤下这两篇论文，换上新作《论趣味的标准》，书名又回到原来的《论文四篇》。1756 年休谟校阅该书的清样，并对《宗教的自然史》做出两处较重要的修改。1757 年 2 月，《宗教的自然史》《论激情》《论悲剧》和《论趣味的标准》组成的《论文四篇》终于出版，这是休谟生前发表的最后一部哲学著作。

《宗教的自然史》首次出版之后，在休谟去世之前又经过八次修订。1758 年休谟按照先前拟订的计划，把《论文四篇》纳入其文学、历史、政治和哲学等几个主题的论文集重新出版。1758 年版《宗教的自然史》与 1757 年版相比有一些较大的修改，其中最重要的修改之一是给原来只有序号而没有标题的各章增加标题，以使读者明了各章的内容主题和全书的整体结构。此后，1760 年、1764 年、1767 年、1768 年、1770 年和 1772 年休谟又多次修订和出版它。1776 年，在休谟去世前四个月，应出版商的请求，他再次修订它，并很快把修订稿寄给出版商；1777 年在他去世一年后，这个最后修订版出版。从《宗教的自然史》的历史来看，休谟先后发表和修订的版本一共有九个。这九个版本无疑有很多差异，但它们之间的差异并不是非常重大的，休谟的修订很多时候是表达和文法上的，实质性的思想观点的改变并不多。

目前这本《宗教的自然史》是以 1826 年爱丁堡版《休谟哲学著作集》收录的 1777 年版为底本进行翻译的。初稿完成后，译者得到 A. Wayne Colver 和 John Valdimir Price 编辑的 *The Natural*

History of Religion and Dialogues Concerning Natural Religion, Oxford: Clarendon Press, 1976（本书中统一简称 AWC 版）和 J. C. A. Gaskin 编辑的 *Dialogues Concerning Natural Religion and The Natural History of Religion*, Oxford: Oxford University Press, 1993，于是对照前者并参考后者把译文校订一遍并增加一些注释。译文搁置多年之后，译者又得到 Tom L. Beauchamp 编辑的 *A Dissertation on the Passions and The Natural History of Religion: A Critical Edition*, Oxford: Clarendon Pree, 2007（本书中统一简称 TLB 版），于是又对照这个历史考订版把译文重新校订一遍并补充一些注释。在翻译和校订本书的过程中，译者以脚注的形式对三方面的内容做出简要的注释。第一，《宗教的自然史》包含的内容相当广泛而丰富，涉及神话学和传说、宗教、历史、文学和哲学等领域，为了便于读者理解休谟的思想，译者对一些概念、术语、人物、流派或事件等做了比较简明的注释。第二，休谟在行文中对一些征引文献的来源的注释非常简略，大多是缩写，为了便于读者进一步阅读和参考，译者以方括号的形式对它们做出适当的补足和细化，并尽可能给出它们的汉译本和页码。第三，由于译者翻译和校订时使用的三个版本存在一定的差异，《休谟哲学著作集》收录的是 1777 年版，AWC 版依据的是 1757 年版，TLB 版依据的是 1772 年版，译者仔细梳理了这三个版本之间的差异，对一些单纯文法上的修订如标点和拼写的变化予以忽略，对一些较重要的修改如语词或观点的变化则分别注明它们在三个版本中的情形，力求既反映三个版本之间较重要的差异，也避免太多琐屑的对文法修改的注释。此外，为了便于读者查找原文，译者

还以边码的形式分别给出 TLB 版的段落序号(每面左侧边码)和页码(每面右侧边码)。由于译者水平有限,虽数易其稿,译文和注释中错误和不足之处难免,恳请读者批评指正。

目　　录

导　　言 33

1 由于每一种关涉宗教的探究都具有极其重要的意义，因而有两个问题尤其引起我们的注意[①]，这就是，宗教在理性中的基础问题和宗教在人的本性中的起源问题。幸而，第一个、同时亦最重要的问题容许最浅显、至少最清楚的解决。自然的整个构造显示出一个理智性的创作者；任何一个有理性的探究者在严肃反思之后都不能须臾中止他在真正的**有神论**和**宗教**的最初原则方面的信念。但是另一个关于宗教在人的本性中的起源问题却面临[②]某种较大的困难。对不可见的理智性力量的信念在一切地区和一切时代的人类中间非常广泛地传播着；但是这个信念或许既不是那样普遍以至于不容许任何例外，也不是对其提出的观念在某种程度上保持齐一。人们已经发现一些并不怀有宗教情感的民族，如果旅行家和历史学家可以信赖的话；没有任何两个民族，而且几乎没有任何两个人在同一些宗教情感上是精确一致的。因此，看来似乎是，这个预先设想[③]不是发源于自然的那种产生自爱、两性之间

① “注意”，AWC 版为“首要注意”；TLB 版为“注意”。——译者

② “面临”，AWC 版为“容许”，TLB 版为“面临”。——译者

③ “预先设想(preconception)”，亦译作“预先观念”。它和后面的“原始信念”一样意指前面的“对不可见的理智性力量的信念”。在休谟看来，对不可见的理智性力量的信念是一个预先设想或原始信念，然而它不是一个绝对普遍的信念，因而它不可能产生于自然的原始本能或最初印象。——译者

的感情、对子女的爱、感激和怨恨的原始本能或最初印象;因为这类本能中每一种都被发现是一切民族和一切时代绝对普遍的,总是具有它坚定追求的精确的明确的对象。最初的宗教原则必定是派生的,它们可能容易被各种各样的偶因和原因引向歧途,它们的活动也可能在某些情形下由于环境条件的不寻常的同时出现而完全被阻止。产生这个原始信念的那些原则是什么,指导这个原始信念的活动的那些偶因和原因又是什么,是我们目前探究的主题。

第一章　多神信仰是人类最初的宗教 34

1　在我看来，如果我们考虑人类社会从粗野的开端到具有较大完善性的状态的改进，那么多神信仰或偶像崇拜①就曾经是，而且必然必定一直是人类的最初的和最古老的宗教。这个意见我将努力通过下述论证来确证。

2　一个无可辩驳的事实的材料是，大约一千七百年以前整个人类都是多神信仰者②。少数几位哲学家的值得怀疑的和怀疑主义的原则，或一两个民族的，而且亦不完全纯粹的一神信仰，构不成值得重视的反驳。看一看历史的清楚的证词。我们向古代追溯愈远，我们就愈发现人类沉湎于多神信仰③。没有任何更完善的宗教的痕迹或征象。人类最古老的记载仍然呈现给我们那个体系④作为通俗的和公认的信条⑤。北方、南方、东方、西方，对这同一个

---

① 根据 TLB 版第 113—114 页注释 34,2，在《宗教的自然史》的早期版本中，休谟像那个时代的其他作家一样把“多神信仰”和“偶像崇拜”当作同义词来使用。在 1757—1770 年各版中经常出现的是“偶像崇拜”和“偶像崇拜的”；在 1772 年版中“偶像崇拜”和“偶像崇拜的”这两个词被“多神信仰”和“多神信仰的”系统地、但不完全地取代。不过休谟似乎并不认为偶像崇拜总是多神信仰的。——译者

② “多神信仰者”，AWC 版为“偶像崇拜者”，TLB 版为“多神信仰者”。——译者

③ “多神信仰”，AWC 版为“偶像崇拜”，TLB 版为“多神信仰”。——译者

④ “那个体系”，AWC 版为“多神信仰”，TLB 版为“那个体系”。——译者

⑤ “信条”，AWC 版为“体系”，TLB 版为“信条”。——译者

事实给予它们一致的证词。有什么能够反对如此充分的一个证据呢?

3 就书写或历史所及而论,古代人类似乎普遍曾经是多神信仰者。难道我们应当断言,在更遥远的古代,在懂得文字或发现任何艺术或科学之前,人们怀有纯粹一神信仰的原则?这就是说,当他们是无知的和野蛮的时,他们发现真理;但是一当他们获得学问和礼仪时,他们就陷入谬误。

4 但是,在这个断言中,你们不仅与概然性的全部现象相矛盾,而且也与我们目前对野蛮民族的原则和意见的经验相矛盾。亚洲、非洲和美洲的野蛮部落全都是偶像崇拜者。这条规则没有一个单个的例外。因为,假如一位旅行家进入某个未知的地区,如果他发现当地居民具有艺术和科学的修养,尽管即使根据那个假定,存在着不利于他们是一神信仰者的可能性,然而直到更进一步探究之前,他都不能有把握地就这个问题宣布任何事情;但是如果他发现他们是无知的和野蛮的,他就可以预先宣布他们是偶像崇拜者,而且几乎不存在他出错的可能性。

5 看来确定无疑的是,按照人的思想的自然进程,无知的大众在将他们的设想延伸到那个把秩序赋予自然的整个构造的完善存在 35
者之前,必定首先怀有对一些高级力量的某种谦卑的和亲密的概念。我们可以合理想象,人们在居住宫殿之前先居住茅屋或者在研究几何学之前先研究农业,同样我们可以合理断言,神在显现给人们一个全知、全能和全在的纯粹精神之前,先被人们领悟为一个具有人的激情和嗜欲、肢体和器官的有力量的、却有限的存在者。心灵从低级到高级逐渐上升;通过对不完善的东西的抽象,它形成

完善性的观念；通过缓慢区分它自己的构造[1]中的高贵部分和粗野部分，它学会只把前一个崇高和精致得多的部分转移给它的神。没有什么东西能够扰乱思想的这个自然进程，除非有某种浅显的和不可战胜的论证，它可以直接把心灵引向一神信仰的纯粹原则，使心灵一次跳跃就跃过安置在人的本性和神的本性之间的巨大间隔。但是尽管我承认，宇宙的秩序和构造在得到精确考察时提供这样一个论证，然而我绝不能认为，当人类形成他们对宗教的最初的粗野的概念时，这种考虑能够对他们有一种影响。

6 我们非常熟悉的那些对象的原因从来不激起我们的注意和[2]好奇；无论这些对象自身[3]多么奇特和多么令人惊奇，它们都被原始的和无知的大众所忽略，没有太多考察或探究。正如弥尔顿[4]描绘的那样[5]，亚当在乐园一出现时就各种官能充分完善，就会自然惊叹自然的灿烂景象、天堂、天空、大地、他自己的器官和肢体，就会被引导来追问这个奇妙的景色来自哪里。但是一个野蛮的、匮乏的动物（正如人在社会最初起源之际的情形）受到无数需要和激情的压迫，没有闲暇来钦敬自然的有规则的面貌或对他自幼就已逐渐习惯的那些对象[6]的原因进行探究。相反，自然显现得愈

① “它自己的构造”，AWC版为“它的构造”，TLB版为“它自己的构造”。——译者

② “和”，AWC版为“或”，TLB版为“或”。——译者

③ “自身”，AWC版为“自身可能是”，TLB版为“自身”。——译者

④ 弥尔顿（John Milton，1608—1674年），英国诗人和政论作家，其主要作品有《失乐园》和《复乐园》等。——译者

⑤ 弥尔顿：《失乐园》卷Ⅷ，第250—282行；参见汉译本，朱维之译，上海译文出版社1984年版，第293—294页。——译者

⑥ “那些对象”，AWC版为“对象”，TLB版为“那些对象”。——译者

有规则和齐一、亦即愈完善，他就愈熟悉它，愈不倾向于审视和考察它。一个怪物的诞生激起他的好奇，被他看作一个异象。它以其新颖性警告他，立即让他颤栗、献祭和祈祷。但是一个所有肢体和器官完整无缺的动物，对他就是一个平常景象，引不起任何宗教的意见或感情。倘若问他，那个动物来自哪里，他将告诉你，来自它的父母的交媾。它的父母又来自哪里？来自它们的父母的交媾。一些迁移就满足他的好奇，而把对象置于这样一个他完全看
不见它们的距离。不要想象他甚至将提出这个问题：最初的那个 36
动物来自哪里，更不用说，宇宙的整个系统或统一结构来自哪里。或者如果你向他提出这样一个问题，不要期望他将以任何焦急的态度把他的心灵运用于一个如此遥远、如此无趣和如此超出他的能力范围的主题。

7 但是更进一步地说，如果人们当初被从自然的构造出发的推理引导到对一个最高存在者的信念，那么他们绝不可能为了接受多神信仰[①]而放弃这个信念；但是，当初产生并在人类中传播一个如此恢宏的意见的同一些理性[②]的原则必定有能力更容易保持这个意见。任何学说的最初发明和证明是比它的支持和维持更困难得多的[③]。

8 在历史事实和思辨意见之间存在一种重大的差异；对历史事实的知识和对思辨意见的知识也不是以同一种方式得到传播。一

① “多神信仰”，AWC 版为“偶像崇拜”，TLB 版为“多神信仰”。——译者

② “理性”，AWC 版为“推理”，TLB 版为“理性”。——译者

③ “更困难得多的”，AWC 版为“无限地更困难地”，TLB 版为“更困难得多的”。——译者

个历史事实，当它经由口头传说从目击者和同时代人那里流传时，在每一次相继的转述中都要受到伪装，可能最终只保持与它以之为基础的原始真相很小的（如果有的话）相似性。人们的虚弱的记忆、他们对夸张的热爱、他们的放任的粗心，这些原则如果没有得到书籍和书写的矫正，很快就歪曲对历史事件的说明，在论证或推理鲜有或没有地位的地方，也绝不能召回过去在那些转述中遗漏的真相。因此，关于赫尔库勒斯①、忒西乌斯②、巴库斯③的寓言应该在起源上曾经基于被传说所败坏的真实历史。但是关于思辨意见，情形则完全不同。如果这些意见是基于如此清楚和浅显以至于令一般人类确信的论证之上，当初传播这些意见的同一些论证就将仍然保持它们的原始的纯粹性。如果这些论证是更深奥的和更远离凡俗人的领悟力，那么这些意见就将总是局限于少数人；一旦人们放弃对这些论证的静观，这些意见就将立即丧失和被遗忘。无论我们选择这个两难困境的哪一边，必定看来不可能的是，根据推理，一神信仰能够曾经是人类的最初的宗教，后来由于它的败坏

① 赫尔库勒斯（Hercules），亦即赫拉克勒斯，希腊和罗马神话学和传说中最有名的英雄，他英勇无畏，不惧怕任何神或魔怪。有人认为他是一个真实的历史人物，最初可能是一个氏族首领或英雄，由于其在战争中的名声而被编入神话学和传说中。后来关于他的故事不断扩大，逐渐形成赫拉克勒斯的“十二件奇迹”。——译者

② 忒西乌斯（Theseus），亦译作忒修斯，希腊神话学和传说中最主要的英雄之一。传说他是雅典国王埃勾斯和特罗曾公主埃特拉之子，曾多次斩魔除寇并建立惊人功绩。在希腊古典时期，他被视为一个真实的历史人物，普鲁塔克为他写过传记。——译者

③ 巴库斯（Bacchus），亦即狄奥尼索斯，希腊和罗马神话学和传说中最重要的神之一。传说他是宙斯和塞墨勒之子，曾向人类传授种植葡萄和酿酒的知识，从地下引出葡萄酒泉、牛奶泉和蜂蜜泉，创造过很多奇迹。——译者

才产生多神信仰[1]和异教世界的各种不同迷信[2]。当理性是浅显的[3]时,它防止这些败坏;当它是深奥的时,它使这些原则完全在于凡俗人的知识之外,唯独这些凡俗人才容易败坏任何原则或意见。

① “多神信仰”,AWC版为“偶像崇拜”,TLB版为“多神信仰”。——译者

② 根据TLB版第115页注释36.35,在休谟那里“迷信”通常意指过度的和没有根据的宗教信念和习俗以及与这样的习俗相关的信念(包括对神的徒劳的恐惧、偶像崇拜式的或过度的礼拜,以及许多荒唐的或愚蠢的信念)。——译者

③ “浅显的”,AWC版为“非常浅显的”,TLB版为“浅显的”。——译者

第二章　多神信仰的起源 37

1 因此，如果我们在探究宗教的起源时想要放纵我们的好奇，我们就必须把我们的思想转向多神信仰①这种未受教化的人类的原始宗教。

2 如果人们曾经通过静观自然的作品而领悟到不可见的理智性力量，他们绝不可能具有对任何别的东西的设想，只能具有对一个把实存和秩序赋予这架庞大机器，并按照一个有规律的计划或有联系的体系来调节这架机器的所有部分的单个存在者的设想。因为尽管对具有一定心灵倾向的人们来说，几个赋有高级智慧的独立存在者可以共同谋划来设计和实施一个有规律的计划，这可能看起来并不是完全荒谬的，然而这是一个纯粹任意的假定，即使我们承认这个假定是可能的，我们必须坦承，它既不得到概然性的支持、也不得到必然性的支持。宇宙中的一切事物显然属于一个部分。每个事物与每个事物相适应。一个设计贯穿整体。这种齐一性引导这种心灵承认一个创作者；因为对几个没有任何属性或活动区分的不同创作者的设想只有助于把困惑给予想象力，而不把

① “多神信仰”，AWC 版为“偶像崇拜或多神信仰”，TLB 版为“多神信仰”。——译者

任何满足赋予知性。正如我们从普林尼[①]得知[②]，拉奥孔雕像[③]是三位艺术家的作品；但确定无疑的是，如果我们不是被告知如此，我们就决不会想象到[④]，雕刻自一块石头、统一于一个计划的一组人物形象不是一位雕塑家的作品和设计。把任何单个的结果归因于几个原因的联合作用确实不是一个自然的和浅显的假定。[⑤]

3 另一方面，如果我们撇开自然的作品，追踪不可见的力量在人类生活的多样的和相反的事件中的足迹，我们必然被引向多神信仰，承认几个有限的和不完善的神。狂风暴雨毁灭太阳养育的东西。太阳摧毁雨露湿气滋润的东西。战争可以惠利严酷的四季气候使其遭受饥荒折磨的民族。疾病瘟疫可以凋零正处于最繁荣富裕中的王国。同一个民族不能同时在海洋和陆地取得同样成功。一个现在征服敌人的民族可能未几就屈服于敌人更强胜的军队。
简而言之，事件的操纵，或我们称为一个特殊天意的计划的东西， 38
是如此充满变化性和不确定性，以致如果我们假定它是某些理智性存在者直接安排的，我们就必须承认他们的设计和意向之间的相反，对立的力量之间的恒常的战斗，同一个力量因无能或轻率而

① 普林尼(Pliny，即 Gaius Plinius Secundus，通常被称为老普林尼，约公元 23—79 年)，罗马帝国早期作家和自然哲学家，其主要著作有《自然史》等。——译者

② 普林尼:《自然史》卷ⅩⅩⅩⅥ，第 4 章，第 37—38 节。——译者

③ 拉奥孔雕像是表现拉奥孔和他的两个儿子被两条巨蛇缠死的情景的大理石群像。这座雕像据说是公元前 1 世纪中叶雕塑家阿格桑得与他的两个儿子阿塔诺多罗斯和波里多罗斯一起完成的，高 184 厘米，现藏于梵蒂冈博物馆。普林尼相信这座雕像刻自一块石头；某些学者认为现存的雕像是由五块或七块石头组成的。——译者

④ "想象到"，AWC 版为"推断出"，TLB 版为"想象到"。——译者

⑤ "正如我们从普林尼得知……一个自然的和浅显的假定。"这段正文，AWC 版编排为前一个句子的脚注，TLB 版编排为正文。——译者

导致的意向的悔改或改变。各个民族有其守护神。各个元素隶属于其不可见的力量或动因。各个神的辖域与另一个神的辖域相分离。同一个神的活动也不总是确定不变的。今天他保护我们；明天他抛弃我们。祈祷和献祭、仪式和典礼履行得好或坏是他的惠爱或敌意之源，产生人类中间所能见到的一切好运或坏运。

4 因此，我们可以推断，在一切已经接受多神信仰[①]的民族中，对宗教的最初观念不是产生于对自然的作品的静观，而是产生于对生活的事件的关怀，产生于那些驱动人的心灵的永无止息的希望和恐惧。相应地，我们发现，一切偶像崇拜者划分他们的诸神的辖域之后，都诉诸他们直接隶属于其权威、其辖域是监管他们任何时候从事的行动的过程的那个不可见的动因。朱诺[②]司掌婚姻；卢西娜[③]司掌出生。尼普顿[④]接受水手的祈祷；马尔斯[⑤]接受战士的祈祷。农夫在刻瑞斯[⑥]的保护下耕种；商人承认墨丘里[⑦]的权

① “多神信仰”，AWC 版为“偶像崇拜或多神信仰”，TLB 版为“多神信仰”。——译者

② 朱诺(Juno)，罗马神话学中的天后，相当于希腊神话学中的赫拉，是司掌婚姻的神。——译者

③ 卢西娜(Lucina)，罗马神话学中朱诺作为婚姻和产妇保护神的别名之一；罗马已婚妇女每年 3 月 1 日举行祭祀朱诺—卢西娜的活动。——译者

④ 尼普顿(Neptune)，罗马神话学中的水神，后来与希腊神话学中的海神波塞冬混同后成为海神。——译者

⑤ 马尔斯(Mars)，罗马神话学中的战神，相当于希腊神话学中的阿瑞斯。——译者

⑥ 刻瑞斯(Ceres)，罗马神话学中的丰收女神，相当于希腊神话学中的丰收和农业女神得墨忒耳。——译者

⑦ 墨丘里(Mercurius)，罗马神话学中的贸易神和信使神，相当于希腊神话学中的赫尔墨斯。——译者

威。各个自然事件应当受到某个理智性动因的支配;生活中能够发生的成功或不成功的事情没有一件可能不是特殊的祈祷或感恩的主题①。

固然,必然必须承认,为了把人们的注意引向事物的当前的②过程之外,或者把他们引向对不可见的理智性力量的任何推论,他们必须受到某种促使他们思想和反思的激情和某种促成他们最先探究的动机的驱动。但是,为了说明一个具有如此重大意义的结果,我们这里应当诉诸什么激情呢?当然不是思辨性的好奇或对真理的纯粹热爱。这个动机太精致而不适合于如此粗
浅的领悟力,会将人们引向对自然的构造的探究这个太宏大、太 39
综观而不适合于他们的狭隘能力的主题。因此,能够被假定对这样的野蛮民族发生作用的激情就不是别的、只是人类生活的日常感情,对幸福的急切关怀、对未来苦难的惧怕、对死亡的恐怖、对复仇的渴望、对食物和其他必需品的嗜欲。由于受到这类希望和恐

① “Fragilis et laboriosa mortalitas in partes ista digessit, infirmitatis suae memor, ut portionibus quisquis coleret, quo maxime indigeret.”Plin. lib. ii. cap. 7. [“脆弱的和劳作的有死者们记得他们自己的弱点,把他们的神分成不同的种类,以便按照种类来崇拜他们各自最需要的每个神。”普林尼:《自然史》卷Ⅱ,第7章(在休谟引证的版本中是第7章,在各种现代版本中是第5章)。]因此,早在如赫西俄德[Hesiod,约公元前八世纪,古希腊诗人,其主要作品有《工作与时日》和《神谱》]时代有三万个神。Oper. et Dier. lib. l. [赫西俄德:《工作与时日》卷Ⅰ(252—254;参见《工作与时日神谱》,张竹明、蒋平译,商务印书馆1991年版,第8页)。]但是对这些神的数量来说他们要完成的任务似乎仍然太大。神的辖域得到非常具体的细分,以致甚至有司掌喷嚏的神。见 Arist. Probl. sect. 33. cap. 3. [亚里士多德:《问题集》第33卷,第7章,962a21—24;参见汉译本,徐开来译,载于《亚里士多德全集》第六卷,苗力田主编,中国人民大学出版社1995年版,第533页。]交配的辖域,与其重要性和尊贵地位相适应,在几个神中得到分配。

② “当前的”,AWC版为“可见的”,TLB版为“当前的”。——译者

惧，尤其后者的搅扰，人们就带着颤抖的好奇来检视未来原因的过程，考察人类生活的多样的和相反的事件。而在这幅混乱无序的景象中，以更加混乱无序的和惊奇的目光，他们就看到神的最初的模糊的踪迹。

第三章　多神信仰的起源续 40

1 我们被置身于这个世界犹如被置身于一座大剧场，在那里每个事件的真正源泉和原因对我们完全隐藏起来，我们也既没有充分的智慧来预见，也没有充分的力量来预防我们不断遭受其威胁的那些恶。我们悬挂在生和死、健康和疾病、丰足和匮乏之间的永恒焦虑中；这些是由其活动经常不可预料和总是不可说明的隐秘的和未知的原因在人类中分配的。于是这些**未知的原因**就变成我们的希望和恐惧的恒常对象；当这些激情[①]由于对事件的急切期待而持续不断地保持在警觉状态时，想象力就同等地被运用来形成对我们如此完全依赖的那些力量的观念。如果人们能够按照具有最大概然性、至少最容易理解的哲学来解剖自然，他们将会发现，这些原因不是别的，而是他们自己身体和外在对象的细微部分的特殊组织和结构，正是通过一种有规律的和恒常的机制，他们如此关心的一切事件才得以产生。但是这种哲学超出只能以一般的和混乱的方式来设想**未知的原因**的无知的大众的领悟力，尽管他们的想象力在持续不断地被运用于这同一个主题时必定努力形成对这些未知的原因的某个特殊的和明晰的观念。他们愈考虑这些

① 这些激情意指前面我们的希望和恐惧。——译者

原因自身和它们的活动的不确定性，他们在他们的研究中获得的满足就愈少；而且不论他们多么不情愿，他们必定最终放弃如此艰巨的一种尝试，倘若这种尝试不是为了人的本性中的一种导向给予他们以某种满足[1]的体系的倾向。

2 人类中有一种普遍趋向，要把一切存在者设想为像他们自己那样，要把他们熟悉了解的和亲密意识的那些性质转移给每个对象。我们在明月里看到人的面孔，在乌云里看到军队；而且根据一种自然倾向，如果没有受到经验和反思的矫正，把恶意或[2]善意归于每个伤害或愉悦我们的事物。因此**拟人法**在诗中经常受到运用并具有美；在诗中树木山川被人格化，自然的无生命的部分获得情感和激情。虽然这些诗意的形象和表现对信念没有增益，它们至 41
少可以有助于证明想象力中的一种趋向，没有这种趋向，它们就既不能是美的，也不能是自然的。河神或树神也不总是被当作单纯诗意的或虚构的角色，而有时可以进入无知的凡俗人的真实信条中，当每片树林或田野被描绘为拥有一个特殊的**守护神**或不可见的力量，他栖居于它和保护着它时。不但如此，哲学家们也不能使他们自己完全豁免于这个自然弱点，而经常把对**虚空**的恐惧、同情、反感以及人的本性的其他感情归于无生命的物质。当我们把我们的目光投到天上时，荒谬并不更少；太常见的是，把人的激情和弱点转移给神，将神描绘为忌妒的和复仇的、任性的和偏私的，简而言之，一个除了其高级力量和权威之外在每个方面都邪恶和

① “某种满足”，AWC 版为“某种表面的满足”，TLB 版为“某种满足”。——译者

② “或”，AWC 版为“和”，TLB 版为“或”。——译者

愚蠢的人。于是，毫不奇怪，当人类被置身于这样一个对原因绝对无知的状态中、同时又如此急切关怀他们的未来命运时，他们就会立即承认对拥有情感和理智的不可见的力量的依赖性。他们不断思想的那些**未知的原因**总是出现在同一个方面时，就全部被领悟为属于同一个种类或种族。不用多久，我们就把思想、理性和激情、有时甚至把人的肢体和形象归于他们，以便使他们更接近于与我们自己的相似性。

3 我们总是看到，随着任何一个人的人生过程受偶因支配的比例增加，他就更加迷信；这在赌徒和水手中尤其可以观察到，赌徒和水手在整个人类中虽然最没有严肃反思[①]的能力，却最富有轻浮的和迷信的领悟力。在狄奥尼修斯[②]笔下[③]，科里奥拉努斯[④]说，诸神对每个事务都有影响力，但最重要的是对战争的影响力；在战争中，事件是非常不确定的。整个人类生活，尤其在秩序和良好政府建立以前，隶属于碰巧的偶因；自然的是，在野蛮时代，迷信将会到处盛行，促使人们极其热心地探究那些安排他们的幸福或苦难的不可见的力量。他们不知道天文学和动植物的解剖学，好奇太少而不能观察终极原因的令人钦敬的调整；他们仍然不

---

① “反思”，AWC 版为“沉思”，TLB 版为“反思”。——译者

② 狄奥尼修斯(Dionysius，约公元前 66—公元 10 年)，即哈利卡尔纳索斯的狄奥尼修斯，古罗马奥古斯都时期的希腊历史学家和修辞学家，其历史著作有《论修昔底德》和《罗马古代史》，修辞学著作有《论语词搭配》、《论模仿》和《论古代演说家》等。——译者

③ Lib. viii.[哈利卡尔纳索斯的狄奥尼修斯：《罗马古代史》卷Ⅷ，第 2 章，第 2 节。]

④ 科里奥拉努斯(Coriolanus，即 Gaius Marcius Coriolanus)，据说是公元前五世纪古罗马将军，历史学家狄奥尼修斯、李维和普鲁塔克等都接受他是一个真实的历史人物。——译者

了解一个最初的和最高的创造者，不了解那个唯有他才以其全
能的意志而把秩序赋予自然的整个构造的无限完善的精神。这
样一个恢宏的观念太大而不适合于他们的狭隘的设想，他们的设
想既不能观察这个作品的美，也不能领悟这个作品的创作者的庄
严。他们以为他们的神不论多么有能力和不可见都不外是人类创 42
造物的种族，或许从人类中上升而来，还保留着人的肉身肢体和器
官以及一切激情和嗜欲。这样有限的存在者，尽管是人的命运的
主宰，由于他们各自没有能力把自己的影响扩展到每个地方，因而
必须以巨大倍数得到增加，以便回答自然的整个面貌上所发生的
事件的那种多样性。因此，每个地方都储存着一大群地方神；因
此，多神信仰[①]就盛行起来，而且在绝大部分未受教化的人类中仍
然盛行着[②]。

4　任何一种人类感情都可以把我们引向不可见的理智性力量的

① “多神信仰”，AWC 版为“偶像崇拜”，TLB 版为“多神信仰”。——译者

② 欧里庇得斯[Euripides，约公元前 485—前 406 年，古希腊悲剧作家]的下列诗句非常适合现在的目的，我不禁引用它们：

Ουκ εστιν ονδεν πιστον，ουτ ευδοξια，
Ουι αυ καλως πρασσοντα μη πραξειν κακως.
Φυρουσι δαυθοι θεοι παλιν τε και προσω，
Ταραγμον εντιθεντες，ωsαγνωσια
Σεβωμεν αυτους.

HECUBA.

“这个世界上没有任何可靠的东西；没有光荣，没有繁荣。诸神把一切生命抛入混乱中；把每个事物与其相反者相混合；我们全都因为我们的无知和不确定性而可能给予诸神更多的崇拜和崇敬。”[欧里庇得斯：《赫卡柏》，第 956—960 行。休谟这里的译文不是对欧里庇得斯的诗句的忠实翻译，而是略有改变和省略。欧里庇得斯的上述诗句的汉译文可见于《古希腊悲剧喜剧全集》第三卷，《欧里庇得斯悲剧》上，张竹明译，译林出版社 2007 年版，第 291—292 页。]

概念，希望和恐惧、感激和磨难都是如此；但是如果我们考察我们自己的心或观察我们周围发生的事，我们将发现人们更经常的是由于抑郁的激情、而非由于愉快的激情而屈膝。繁荣很容易被作为我们的应得而接受，很少追问它的原因或创作者。繁荣引起[1]欢喜、活力、爽快以及对一切社交快乐和感官快乐的生动享受；处于这样一种心灵状态中，人们很少有闲暇或倾向来考虑那些未知的不可见的领域。另一方面，每个灾难性的偶因警示我们，让我们探究它由以产生的原则；领悟力迅速跳向未来；心灵沉沦于胆怯、恐怖和抑郁，诉诸每种方法安抚那些被认为是我们的命运所完全依赖的隐秘的理智性力量。

5 对一切受人欢迎的牧师来说，在通过制服人们的自信和肉欲（它们使他们在繁荣时忘记神的天意）而使他们拥有一种适当的宗教感时，最有用的[2]主题莫过于展示磨难的好处。这个主题亦不仅仅局限于现代宗教。古代人也运用过它。一位希腊历史学家说[3]，“命运女神从来没有毫不忌妒地把一种未经混合的幸福慷慨
赋予人类；她的一切馈赠从来都是结合着某种灾难性的条件，为的 43
是惩戒人们来对诸神保持崇敬，他们在持续不断的繁荣过程中很容易忽略和忘记诸神。”

6 人生的什么年龄或时期是最上瘾于迷信的？最虚弱的和最胆

① “引起”，AWC 版为“造成”，TLB 版为“引起”。——译者

② “有用的”，AWC 版为“通常的”，TLB 版为“通常的”。——译者

③ Diod. Sic. lib. iii.［西西里的狄奥多罗斯（Diodorus Siculus，公元前一世纪，希腊历史学家，其主要著作有《历史丛书》四十卷）：《历史丛书》卷Ⅲ，第 47 章，第 1 节。］

怯的。什么性别？同一个答案必定被给予。斯特拉波[1]说，“每一种迷信的领导和榜样都是女人。这些女人煽动男人虔诚、祈祷和奉守宗教日。几乎碰不到一个脱离女性而生活、却上瘾于这种做法的男人。由于这个理由，最没有概然性的事情莫过于对盖蒂民族[2]中男人的秩序的说明，他们实行独身、却是最狂热的宗教信仰者。”[3]这种推理方法将会使我们对僧侣的虔诚形成一个不好的[4]观念，倘若我们没有根据斯特拉波时代一个或许并不那么普遍的经验而知道，一个人可以实行独身并自命贞洁，却与那个胆怯的和虔敬的性别保持最亲密的联系和最完全的同情共鸣。

① 斯特拉波（Strabo，约公元前64—公元21年），希腊地理学家和历史学家，其主要著作有《地理学》。——译者

② 盖蒂民族（Getes），大致生活在现在罗马尼亚和保加利亚部分地区的古代民族。——译者

③ Lib. vii.［斯特拉波：《地理学》卷Ⅶ，第3章，第4节。］

④ “不好的”，AWC版为“非常不好的”，TLB版为“不好的”。——译者

第四章 神没有被当作世界的创造者或塑造者 44

1 我们将发现人类几乎普遍同意的唯一神学观点是，世界上存在不可见的理智性力量；但是这种力量是最高的还是下属的，是限定于一个存在者还是在几个存在者中分配的，什么属性、性质、联系或行动原则应当被归于这些存在者，对所有这些问题，通俗的神学体系之间存在最广泛的差异。在文学复兴[①]以前，我们在欧洲的祖先正如我们现在一样相信有一个最高神，自然的创作者，其力量虽然自身是不可控制的，但经常是由执行其神圣意图的天使和下属的干预来运用的。但是他们也相信，整个自然充满其他不可见的力量：仙子、精灵、妖精、妖怪，它们比人类更强大和更有力量，但是远低于神的御座周围的天上神族。现在，假定在那些时代任何一个人否认神的实存和其天使的实存，即使他通过某种古怪任性的推理而仍然承认仙子和妖精的通俗故事是正当的和有可靠根据的，难道他的不虔敬不会正当配享**无神论**的称号吗？一方面这样一个人与真正的有神论者之间的差异，与另一方面他与绝对排

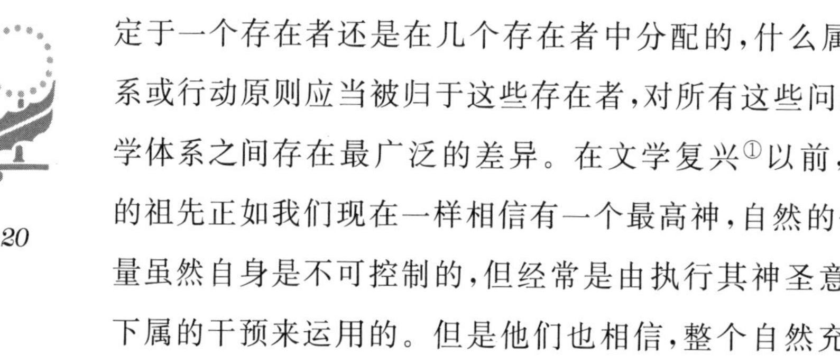

① 文学复兴(the revival of letters)，意指15世纪欧洲对古典文学，尤其对希腊文学的研究的复兴。——译者

除一切不可见的理智性力量的人之间的差异相比，是无限地更大的。单纯根据名称的偶然的相似性，不考虑意义的任何一致性，将如此对立的意见列入同一个名称之下，乃是一个谬误。

2　对任何一个正确考虑这个问题的人来说，看来将会是，一切多神信仰者①的神决不比我们祖先的仙子或精灵更好，决不更配享任何虔敬的崇拜或崇敬。这些自命的宗教主义者其实是一种迷信的无神论者，不承认与我们对神的观念相一致的存在者。不承认心灵或思想的最初原则，不承认最高的统治或管理，不承认世界的构造中的神圣的设计或意向。

3　中国人在他们的祈祷得不到回答时敲打他们的偶像②。拉普 45

① “多神信仰者”，AWC版为“多神信仰者或偶像崇拜者”，TLB版为“多神信仰者”。——译者

② Père Le Comte[1].[Louis Daniel Le Comte, SJ, “A Monseigneur le Cardinal de Bouillon. De la Religion ancienne & moderne des Chinois”, in *Nouveaux Mémoires sur l'état présent de la Chine*, Amsterdam, 1698. ii. 104.（路易·丹尼尔·孔德：“致布永红衣主教阁下——论中国人的古代的和现代的宗教”，载于《中国现状新志》，阿姆斯特丹，1698年版，卷Ⅱ，第104页。）]

[1]Père Le Comte，孔德神甫，法文名Louis Daniel Le Comte，中文名李明，字复初，1655—1729年，法国耶稣会传教士和国王数学家，1685年受国王路易十四派遣来华传教，1692年回国，1696年出版《中国现状新志》。这部著作在当时影响甚大，把巴黎关于中国礼仪的争论推向高潮。AWC版对孔德神甫有一个较长的注释，兹摘录如下：

“的确，他们有时并不完全给予这些神就他们的性质而言似乎应有的那种尊重。因为经常发生这样的情形：如果人们拜神很久之后而没有得到他们想要的东西，他们就厌恶他们，将他们视为无能的神；其他人则以极其责备的态度对待他们：某些人让他们背负难听的名称，其他人让他们承受难受的击打。”《最近中华帝国旅行中所做的……记录和观察》(*Memoires and Observations ... made in a late Journey Through the Empire of China*)，根据巴黎版翻译，伦敦，1697年，第326页。

路易·丹尼尔·孔德是1685年派遣到中国的六位传教士之一。在他逗留中国期间，1687—1692年，他旅行5000多英里观察这个民族及其习俗。他对中华文明的说明

兰人[①]的神是他们遇见的任何奇形怪状的大石头[②]。埃及神话学家为了说明动物崇拜而提出，人生于大地，是神的敌人，从前由于受到人的暴力追赶，神被迫把自己装扮成动物的样子。[③]卡乌诺斯人[④]这个小亚细亚民族决心不让他们当中有任何陌生的神，定期在一定季节全副武装集合起来，用矛击打天空，以这种方式行进到他们的边境，以便像他们说的那样驱逐外来的神[⑤]。某些日耳曼

(接上页)1696年首次发表于巴黎，后来被证明是极其流行的，在1701年之前有五个巴黎版本和两个阿姆斯特丹版本，而且在首次发表的三年之内被译成意大利文、英文、荷兰文和德文。他对中国人的宗教的同情论述不能不激起愤怒："……他们已经保存对真神的知识将近两千年，并以这样一种方式向他们的创造者表示致敬：他们可以给基督徒自己既充当榜样又充当教诲。"同前书，第317页。几页之后他又记录："当**欧洲**和几乎整个世界都沉溺于错误和腐败时，[他们]已经实践最纯粹的道德。"同前书，第320页。这些命题中第一个命题被"巴黎神学院的院长和博士先生们"的命令谴责为"对神圣的基督宗教来说是虚假的、鲁莽的、耻辱的、错误的、[和]有害的"；此外第二个命题被发现是"不虔敬的、违背上帝的道的、异端的、[和]颠覆信仰的"。1700年，这部著作亦受到外国传教士神学院的谴责；1762年《中国现状新志》被巴黎议会判处烧毁。以上内容摘录自AWC版第38—39页注释1。——译者

① 拉普兰人(Laplanders)，古代生活在斯堪的那维亚半岛北极圈内的民族。——译者

② Regnard, Voyage de Lapponie.［勒尼亚尔(Jean-François Regnard, 1655—1709年，法国剧作家和旅行家)：《拉普兰旅行记》，英译本见*Voyages and Travels*, Volume I, edited by John Pinkerton, Lonelon, 1808. PP. 178—179)。］

③ Diod. Sic. lib. i.［西西里的狄奥多罗斯：《历史丛书》卷Ⅰ，第86章。］Lucian. de Sacrificiis.［琉善(Lucian，约125—180年，古罗马讽刺诗人和无神论者)：《论献祭》，第14节。］奥维德［Ovid，公元前43—公元18年，古罗马诗人，其主要作品有《爱的艺术》、《变形记》和《岁时记》等］曾经提到同一个传说。Metam. lib. v. 1. 321.［奥维德：《变形记》卷Ⅴ，第321—331行；参见汉译本，杨周翰译，人民文学出版社1984年版，第57—58页。］马尼利乌斯［Manilius，公元一世纪，罗马诗人和天文学家，其主要作品有长诗《天文学》五卷］亦如此。Manilius, lib. iv.［马尼利乌斯：《天文学》卷Ⅳ。］

④ 卡乌诺斯人，Caunii，古代小亚细亚南部的一个民族。——译者

⑤ Herodot. lib. i.［希罗多德(Herodotus，约公元前484—前425年，希腊历史学家，被西塞罗称为历史学之父)：《历史》卷Ⅰ，第172章；参见汉译本，王以铸译，商务印书馆2001年版，第86页。］

民族对恺撒[1]说，“甚至不死的神也不是苏维威人[2]的对手。”[3]

4 在荷马[4]笔下，狄俄墨得斯刺伤维纳斯[5]，狄俄涅[6]对维纳斯说，女儿啊，神使人遭受许多伤害；反过来，人也使神遭受许多伤害[7]。我们只需翻开任何一位古典作家的作品就可以碰到对神的这些粗鄙的描绘；朗吉努斯[8]用理性观察到，对神的本性的这样一些观念，如果从字面来理解，包含一种真正的无神论。[9]

---

① 恺撒(Caesar，即 Gaius Julius Caesar，公元前 100—前 44 年)，古罗马政治家、统帅、历史学家和文学家，其著作有《高卢战记》和《内战记》等。——译者

② 苏维威人(Suevi)，古代日耳曼民族中最大和最好战的部落，大致生活在莱茵河以东地区，并延伸至易北河及波罗的海沿岸附近。——译者

③ Caes. Comment. De bello Gallico, lib. iv. [恺撒：《高卢战记》卷Ⅳ，第 7 节；参见汉译本，任炳湘译，商务印书馆 1979 年版，第 82 页。]

④ 荷马(Homer，约公元前八世纪)，传说是古希腊游吟诗人，其主要作品是史诗《伊利亚特》和《奥德赛》。十七世纪以来一直有人对他是否真实存在和是否是这两部史诗的作者持不同意见。——译者

⑤ 狄俄墨得斯(Diomedes)，希腊神话学中战神阿瑞斯和库瑞涅之子，比斯托涅斯人的国王。维纳斯(Venus)，即希腊神话学中爱和美之神阿佛洛狄特。在特洛伊战争期间，狄俄墨得斯与阿佛洛狄特和安喀塞斯之子埃涅阿斯战斗时用巨石打断他的腿骨并使他昏迷，阿佛洛狄特出手相救，抱着埃涅阿斯飞奔离开，狄俄墨得斯追过去，在打斗中刺破阿佛洛狄特手上的皮肤。——译者

⑥ 狄俄涅(Dione)，希腊神话学中阿佛洛狄特(即维纳斯)的母亲，大洋神女之一。——译者

⑦ Lib. 5. 381. [荷马：《伊利亚特》卷 5，第 381—384 行；参见汉译本，陈中梅译注，译林出版社 2000 年版，第 128 页，第 381—384 行。]

⑧ 朗吉努斯(Longinus)，通常被看作《论崇高》的作者，可能是公元一世纪希腊作家。——译者

⑨ Cap. ix. [朗吉努斯：《论崇高》，第 9 章；参见《缪灵珠美学译文集》第一卷，章安祺编订，中国人民大学出版社 1998 年版，第 85 页。]

5 某些作家[①]一直感到惊奇，雅典人这个如此迷信和如此忌妒公共宗教以致因为苏格拉底被人捏造不轻信就将他处死的民族，在那同一个时期却会容忍，不但如此，却会在公共场合演出和欢呼阿里斯托芬[②]的不虔敬。但是这些作家没有考虑到，这位喜剧诗人用以描绘他们的神的那些滑稽可笑的平易近人的形象不是看起来不敬神，而是这些古人用以设想他们的神的真正目光。有什么行为能够比《安菲特里翁》[③]中朱庇特[④]的行为是更罪恶或更卑鄙的呢？然而那部描绘他的桃色冒险的戏剧却被认定是令他非常愉快的，以致当城邦遭受瘟疫、饥荒或任何全面灾难的威胁时，执政当局总是在罗马公演[⑤]它。[⑥] 罗马人以为，他会像所有年老的好色者一样对公演他从前出于高超技能和精力[⑦]的成就感到非常高

① Père Brumoy, *Théâtre des Grecs*[布吕穆瓦神甫(Pierre Brumoy, 1688—1742年，法国耶稣会士、教会历史学家、人文主义者和作家)：《希腊的戏剧》]，以及 Fontenelle, *Histoire des Oracles*[丰特奈尔(Bernard Le Bovier de Fontenelle, 1657—1757年，法国文学家和哲学家)：《神谕的历史》]。

② 阿里斯托芬(Aristophanes，约公元前446—前385年)，古希腊喜剧作家。他通过喜剧讽刺和攻击一些著名人物和习俗，嘲笑诸神是骗人的和荒谬的。——译者。

③ 《安菲特里翁》，罗马剧作家普劳图斯(Titus Maccius Plautus，约公元前254—前184年)改编的一部希腊戏剧。在这部戏剧中，国王安菲特里翁和他的王后阿尔克墨涅相爱不渝，朱庇特趁安菲特里翁外出征战之际，化作安菲特里翁的形象来诱惑阿尔克墨涅，阿尔克墨涅受骗上当并怀孕生下赫尔库勒斯。——译者

④ 朱庇特(Jupiter)，罗马神话学中的大神，相当于希腊神话学中的宙斯。——译者

⑤ “公演”，AWC 版为“试演”，TLB 版为“公演”。——译者

⑥ Arnob. lib. vii. [阿诺比乌斯(Arnobius of Sicca，？—330年，早期基督教教父之一)：《反异教徒》(*Against the Heathen*)卷Ⅶ，第33章。]

⑦ “高超技能和精力”，AWC 版为“活力和精力”，TLB 版为“高超技能和精力”。——译者

兴，再没有任何主题比这更适合于谄媚他的虚荣心[①]。

6 色诺芬[②]说，拉西第梦人[③]在战争期间总是清晨很早就提出他们的祈求，以便领先于他们的敌人，通过成为最先的祈求者而先行获得神的惠爱。[④] 我们从塞涅卡[⑤]那里可以知道[⑥]，对神庙里的信 46
徒来说，取悦于祭司助手或司事，以使他们能够[⑦]有靠近神像的座位，以便[⑧]在他们向神祈祷和请求时最真切地被听见，是平常的事。提尔人[⑨]在遭到亚历山大围困时把赫尔库勒斯的雕像用铁链绑起来，以防这位神投奔敌人。[⑩] 奥古斯都[⑪]在两次因风暴失去其舰队之后下令禁止抬尼普顿神像与其他神像一道游行，幻想他通

① “虚荣心”，AWC 版为“自豪感和虚荣心”，TLB 版为“虚荣心”。——译者

② 色诺芬(Xenophon，约公元前 430—前 354 年)，古希腊历史学家和作家，其主要著作有《长征记》《希腊史》《回忆苏格拉底》和《拉西第梦人的政制》等。——译者

③ 拉西第梦人(Lacedemonians)，古代生活在拉西第梦地区的民族，斯巴达是这个地区的主要城市，故有时亦称为斯巴达人。——译者

④ De Laced. Rep.［色诺芬:《拉西第梦人的政制》，第 13 章，2—5。］

⑤ 塞涅卡(Seneca，约公元前 4—公元 65 年)，古罗马政治家、雄辩家和斯多亚派哲学家。——译者

⑥ Epist. xli.［塞涅卡:《书简》第 41 简；参见塞涅卡:《幸福而短促的人生——塞涅卡道德书简》，赵又春、张建军译，上海三联书店 1989 年版，第 83 页。］

⑦ “以使他们能够”，AWC 版为“以便”，TLB 版为“以使他们能够”。——译者

⑧ “以便”，AWC 版为“以使他们能够”，TLB 版为“以便”。——译者

⑨ 提尔人(Tyrians)，古代生活在腓尼基海上城市提尔城的居民；公元前 332 年亚历山大率领的马其顿军队攻陷该城。——译者

⑩ Quint. Curtius，lib. iv. cap. 3. Diod. Sic. lib. xvii.［昆图斯・库尔提乌斯(Quintus Curtius Rufus，约公元一世纪，罗马修辞学家和历史学家):《亚历山大的历史》卷Ⅳ，第 3 章，第 21—22 节。西西里的狄奥多罗斯:《历史丛书》卷ⅩⅦ，第 41 章，第 8 节。］

⑪ 奥古斯都(Augustus，公元前 63—公元 14 年)，原名屋大维，恺撒的侄外孙和养子，罗马帝国第一位皇帝。——译者

过这个权宜手段为他自己充分复仇。[①] 日耳曼尼库斯[②]死后，人民对他们的神感到非常愤怒，以致他们在神庙里用石头砸他们，并公开宣布放弃对他们的一切效忠。[③]

7 把宇宙的起源和结构归因于这些不完善的存在者从来没有进入任何一个多神信仰者或偶像崇拜者的想象力中。赫西俄德的作品和荷马的作品一样包含着异教徒的法规体系[④]；我是说，赫西俄德以为诸神和人类同样发源于自然的未知的力量。[⑤] 通观这位作者的整个神谱，潘多拉是创造或有意创制的唯一事例，而她也是诸神单纯出于藐视普罗米修斯为人类提供从天国盗取的火种而塑造的[⑥]。实际上，古代神话学家似乎自始至终接受的都不是创造或塑造的观念，而是生殖的观念，并由此说明这个宇宙的起源。

① Suet. in vita Aug. cap. 16.［苏埃托尼乌斯（Suetonius，约公元 69 或公元 75—130 年之后，罗马帝国时代的历史学家，其主要著作有《诸恺撒传》（亦译作《罗马十二帝王传》）和《名人传》等）：《奥古斯都传》，第 16 章，1—3；参见《罗马十二帝王传》，张竹明、王乃新、蒋平等译，商务印书馆 1995 年版，第 54 页。］

② 日耳曼尼库斯（Germanicus，公元前 15—公元 19 年），罗马帝国早期著名将军，卡里古拉皇帝的父亲，具有很多美好的德性并获得大量的荣誉，生前深受人们爱戴，死后人们感到非常不幸和悲伤，长久地哀思和怀念他。——译者

③ Id. in vita Cal. cap. 5.［苏埃托尼乌斯：《卡里古拉传》，第 5 章；参见《罗马十二帝王传》，张竹明、王乃新、蒋平等译，商务印书馆 1995 年版，第 155 页。］

④ Herodot. lib. ii. Lucian. Jupiter confutatus, de luctu, Saturn, &c.［希罗多德：《历史》卷Ⅱ，第 53 章；参见汉译本，王以铸译，商务印书馆 2001 年版，第 134—135 页。琉善：《被诘问的朱庇特》1，《论葬礼》2，《农神节》5 等等。］

⑤ *Ωs ομοθεν γεγαασι θεοι θυητοι τ αυθρωποι*. Hesiod. Opera & Dies. 1. 108.［这个希腊文句子意为：诸神和有死的人类如何发源于同一个源泉。赫西俄德：《工作与时日》，第 108 行；参见《工作与时日 神谱》，张竹明、蒋平译，商务印书馆 1991 年版，第 4 页。］

⑥ Theog. 1. 570.［赫西俄德：《神谱》，第 570 行以下；参见《工作与时日 神谱》，张竹明、蒋平译，商务印书馆 1991 年版，第 43—44 页。］

8 奥维德生活在一个有学问的时代，一直被哲学家们教导世界的神性创造或塑造的原则；当他发现这样一个观念将会与他传递的通俗神话学不相一致时，他就让它在某种意义上松散和脱离于他的体系。Quisquis fuit ille Deorum?[①] 他说，诸神中到底是哪个神驱散混沌、把秩序引入宇宙呢。他知道，这个神既不能是萨图尔努斯，也不能是朱庇特，也不能是尼普顿，也不能是异教的公认的神中的任何一个。他的神学体系在这个主题上没有教给他任何东西，他让这个问题同样悬而不决。

9 西西里的狄奥多罗斯[②]在其著作开篇列举对世界的起源的各种最合理的意见时没有提及神或理智性心灵，尽管根据其历史显而易见他[③]更多地倾向于迷信而非反宗教。在另一个谈到食鱼 47
者[④]这个印度民族的段落中[⑤]，他说，由于在说明他们的世系方面存在着极大困难，我们必须推断，他们是**无起源的**[⑥]，他们的世代没有任何开端，而是从全部永恒中繁衍出他们的种族，正如某些自然学家在探讨自然的起源时正确观察到的那样。这位历史学家补充说，“但是在诸如这些超出人的全部能力的主题上，很可能出现

① Metamorph lib. i. 32.［奥维德：《变形记》卷Ⅰ，第 32 行；参见汉译本，杨周翰译，人民文学出版社，1984 年版，第 2 页。这个拉丁文句子意为：诸神中到底是哪个神？］

② Lib. i.［西西里的狄奥多罗斯：《历史丛书》卷Ⅰ，第 6—7 章。］

③ “他”，AWC 版为“那位作者”，TLB 版为“他”。——译者

④ 食鱼者（Ichthyophagi），西方古代地理学家用之泛指世界其他地区如非洲和亚洲的一些生活在岸边的吃鱼的民族。——译者

⑤ Lib. iii.［西西里的狄奥多罗斯：《历史丛书》卷Ⅲ，第 20 章，第 1—3 节。］

⑥ 无起源的（aborigines），亦可译作原生的，表示他们的种族在时间上没有开端。——译者

的是，谈论得最多的人知道得最少，在推理中达到貌似真理的外观之际正是极端远离实在的真理和事实的材料之时。”

10 一种在我们看来是奇怪的、而自命的热忱的宗教主义者却会接受的情感！[①] 但是在古代世界的起源问题竟然进入宗教体系中或被神学家所探讨，却是完全出于偶然。唯有哲学家以提出这类体系为职业，而哲学家自己想到诉诸心灵或最高理智作为一切事物的最初原因也是相当晚的。在那些时代，不用神来说明事物的起源根本不被视为亵渎的，泰勒斯、阿那克西米尼、赫拉克利特[②]以及其他接受那个宇宙演化论体系的哲学家都没有受到质疑；反之，阿那克萨哥拉这位哲学家中第一个无可置疑的有神论者[③]或

① 同一位作者能够这样不用神来说明世界的起源，却将根据物理原因解释生活中的普通的偶然事件、地震、洪水和风暴视为不虔敬的，并虔诚地把这些归于朱庇特或尼普顿的愤怒。这是他由之而产生他的宗教观念的一个明显证明。参见 liv. xv. p. 364. ex. edit. Rhodomanni.［西西里的狄奥多罗斯：《历史丛书》卷 XV，第 48 章，第 1—4 节。引自罗都马努斯(Laurentius Rhodomanus)1604 年版，第 364 页。］

② 泰勒斯(Thales，约公元前 624—前 546 年)，古希腊最早的自然哲学家，主张世界的本原是水；阿那克西米尼(Anaximenes，公元前 585—前 528 年)，古希腊早期自然哲学家之一，主张世界的本原是气；赫拉克利特(Heraclitus，约公元前 535—前 475 年)，古希腊早期自然哲学家之一，主张世界的本原是火。泰勒斯、阿那克西米尼和赫拉克利特等对万物的起源及其运动的解释一般被看作一种自然主义的宇宙演化论。——译者

③ 阿那克萨哥拉(Anaxagoras，约公元前 500—前 428 年)，古希腊早期自然哲学家之一，曾经是阿那克西米尼的学生，后来到雅典传授哲学，是伯里克利的老师和朋友。在哲学上，他第一个提出存在一个纯粹的、精微的、无限的和能动的努斯亦即理智或心灵，它支配整个宇宙的演化，构成万物运动的最终原因。由于政治和宗教方面的理由，他被指控为不敬神。——译者

许是第一个竟然被指控为无神论的哲学家①。

11　塞克斯都·恩披里珂②告诉我们③，伊壁鸠鲁④孩提时代与他的老师一起读赫西俄德的诗⑤：

> 一切存在者中最古老的存在者**混沌**最先产生，
> 其次是宽广延伸的**大地**，这一切存在者的**基座**。

这位少年学者问："混沌又产生于何处？"以此首次崭露他的研究天 48
才。他的老师告诉他，要获得对这样的问题的解答，他必须求助于哲学家。根据这个提示，伊壁鸠鲁放下语文学和所有其他学习，以

① 为什么泰勒斯、阿那克西曼德[Anaximander，约公元前610—前546年，古希腊早期自然哲学家之一，主张世界的本原是阿派朗或无限者]，以及那些其实是无神论者的早期哲学家在异教徒的信条中可以是非常正统的，为什么阿那克萨哥拉和苏格拉底虽然是真正的有神论者，但在古代却必定自然被视为不敬神的，要给出一个理由是容易的。自然的盲目的不受引导的力量，如果它们能够产生人类，也就可以产生诸如朱庇特和尼普顿这样的存在者，既然他们是这个世界上最有力量的理智性的实存，他们就会成为崇拜的适当对象。但是如果承认最高理智作为一切事物的最初原因，那么这些任性的存在者，如果它们真正实存着，就必须显现为下属的和从属性的，因此，就必须从神的队伍中排除出去。柏拉图(de Leg. lib. x. [《法篇》卷Ⅹ，886A－E；参见《柏拉图全集》第三卷，王晓朝译，人民出版社2003年版，第646—647页。])把这个理由派定给强加于阿那克萨哥拉的罪名，即他否认恒星、行星以及其他被创造物体的神性。

② 塞克斯都·恩披里珂(Sextus Empiricus，约160—210年)，古罗马怀疑主义哲学家，其主要著作有《皮浪主义纲要》和《反数学家》等。——译者

③ Adversus Mathem. lib. ix. [塞克斯都·恩披里珂：《反数学家》卷Ⅸ，57—77(通行版本为卷Ⅹ，18—19)。]

④ 伊壁鸠鲁(Epicurus，公元前341—前270年)，古希腊哲学家和无神论者。——译者

⑤ 赫西俄德：《神谱》，116—118；参见《工作与时日　神谱》，张竹明、蒋平译，商务印书馆1991年版，第29页。——译者

便专心致力于这门他惟独由以能够在这些崇高主题上获得满足的科学[①]。

12 普通人从来不大可能把他们的研究推进到如此深远，或者根据推理来推导出他们的宗教体系，同时我们看到，语文学家和神话学家也几乎从来没有显露出如此深刻的洞察力。甚至谈论这样一些主题的哲学家也容易赞同最粗陋的理论，承认诸神和人类共同起源于黑夜和混沌，起源于水、气、火，或他们确立为主宰元素的不论什么东西。

13 也不仅仅在其最初起源上诸神被认定依赖于自然的力量。贯穿他们的实存的整个时期他们都服从于命运或命定的统治。阿格里帕[②]对罗马人民说，“想一想必然性的力量吧，那种甚至诸神都必须服从的力量。”[③]与这种思维方式[④]相一致[⑤]，小普林尼[⑥]告诉我们，在维苏威火山首次喷发之后紧随而至的黑暗、恐怖和混乱中，一些人断定，整个自然正在走向毁灭，诸神和人类正在一次共同的毁灭中走向死亡。[⑦]

① 这门科学意指哲学。——译者

② 阿格里帕(Agrippa，公元前 63—前 12 年)，古罗马政治家和将军。——译者

③ Dionys. Halic. lib. vi.［哈利卡尔纳索斯的狄奥尼修斯：《罗马古代史》卷Ⅵ，第 54 章，第 2 节。］

④ “思维方式”，AWC 版为“推理方式”，TLB 版为“思维方式”。——译者

⑤ “相一致”，AWC 版为“相适合”，TLB 版为“相一致”。——译者

⑥ 小普林尼(the Younger Pliny，约 61—112 年)，老普林尼的外甥和继子，古罗马政治家和作家，其主要作品有《书简》和《颂辞》等。——译者

⑦ Epist. lib. vi.［小普林尼：《书简》卷Ⅵ，第 20 简，第 15 节；参见小普林尼：“致塔西佗”之二，王焕生译，载于《古希腊罗马文学作品选》，罗念生选编，北京出版社 1988 年版，第 395 页。］

14 实际上，如果我们将这样一个不完善的神学体系冠以宗教之名，并将它与后来建立在更正当和更崇高的原则之上的体系置于一个层次，那是极大的奉承。对我来说，我几乎不可能允许甚至马可·奥勒留[1]、普鲁塔克[2]和一些其他斯多亚派和学园派的虽然比异教徒的迷信更精致得多的[3]原则配享**有神论**的光荣称号。因为如果异教徒的神话学相似于古代欧洲人的排除神和天使、而只保留着仙子和精灵的精神存在者体系，那么这些哲学家的信条就可以正当地说排除神、而只保留着天使和仙子。

① 马可·奥勒留(Marcus Aurelius，121—180年)，罗马帝国皇帝(161—180年在位)和斯多亚派哲学家，其主要著作有《沉思录》。——译者

② 普鲁塔克(Plutarch，约46—120年)，罗马帝国时代的历史学家、传记作家和学园派哲学家，其主要著作有《希腊罗马名人传》和《道德论集》等。——译者

③ “更精致得多的”，AWC版为“无限地更精致的”，TLB版为“更精致得多的”。——译者

第五章　多神信仰的多样形式：寓意比拟和英雄崇拜 49

1 但是我们目前的任务主要是考虑凡俗人的粗陋的多神信仰①，把这种多神信仰的一切多样现象追溯到它们由以导源的人的本性的原则中。

2 无论谁通过论证而懂得不可见的理智性力量的实存，他必定根据自然对象的令人钦敬的设计而推断并且必定认为，世界是那个神性的存在者即万物的原始原因的手艺。但是凡俗的多神信仰者完全没有接受这个观念，他把宇宙的每个部分神格化，将自然的一切引人注目的产物设想为它们自身就是许许多多实在的神。按照他的体系，日月星辰都是神，泉中居住着仙女，树上栖息着树神，甚至猴、猫、狗以及其他动物在他眼中也经常变成神圣的，激起他一种宗教崇敬。因此，人们相信自然中的不可见的理智性力量的倾向是多么强烈，他们把他们的注意力凝聚在可见的感性对象的倾向就是同样多么强烈；为了调和这两种对立的倾向，他们就被引导来把那种不可见的力量与某个可见的对象统一起来。

① “多神信仰”，AWC 版为“多神信仰和偶像崇拜”，TLB 版为“多神信仰”。——译者

3 给一些神分配不同的辖域也容易引起某种物理的和道德的寓意比拟[1]进入凡俗人的多神信仰体系中。战争之神将自然地被描绘为狂暴的、残忍的和鲁莽的，诗歌之神将自然地被描绘为高雅的、礼貌的和可亲的，商业之神尤其在早期时代将自然地被描绘为偷窃的和欺骗的。我承认，荷马和其他神话学家作品中被认定的寓意比拟经常受到非常严重的扩展，以致感官健全的人们[2]倾向于完全拒绝它们，把它们当作批评者和注释者们的纯粹幻想和别出心裁的产物。但是寓意比拟在异教徒的神话学中确有其地位，这是甚至根据最微小的反思也不可否认的。丘比特[3]是维纳斯之子、缪斯[4]是记忆女神之女、普罗米修斯是智慧的兄长、厄皮墨透斯[5]是愚笨的弟

① 寓意比拟(allegory)，亦译作寓言、讽喻或比喻，这里主要指凡俗人的多神信仰中的一种对诸神的认识方式和信仰方式。按照这种方式，诸神主要是一些被神格化的自然事物和历史人物，他们在性格、能力、权威和辖域等方面表现着自然事物和历史人物。——译者。

② 感官健全的人们(men of sense)，通常译作有理智的人们；其中 sense 实际上是指一种内感官或共同感官，为了与理智性能力如 intellect，intelligence，reason 和 understanding 相区别，这里没有采取通常的译法，而是译作感官健全的人们，以突出其中内感官的意义。——译者

③ 丘比特(Cupid)，罗马神话学和传说中的小爱神，相当于希腊神话学和传说中的厄罗斯，有说认为他是维纳斯之子，但也有说认为他是霓虹女神伊利斯之子。——译者

④ 缪斯(the Muses)，希腊神话学和传说中司掌思想和文艺的诸女神，有说认为她们是记忆女神谟涅摩叙涅和宙斯之女，但也有说认为她们是乌刺诺斯和盖亚之女，或厄皮罗斯和皮诺普勒亚某一自然女神之女。——译者

⑤ 普罗米修斯(Prometheus)，厄皮墨透斯(Epimetheus)，希腊神话学和传说中提坦伊阿佩托斯之子。前者聪明、机智、善良，后者愚笨、胆小、懦弱；前者的名字的意义是先知者，后者的名字的意义是后觉者。——译者

弟、许癸厄亚[1]或健康女神是埃斯枯拉皮俄斯[2]或医神的后裔，在这些以及许许多多其他事例中，谁看不出寓意比拟的明显痕迹？当一个神被认定司掌某种激情、事件或行动体系时，几乎不可避免 50
的就是，赋予他以与其被认定的能力和影响相称的谱系、属性和历险，并展开那种自然地令人的心灵非常愉快的类比和比较。

4 既然并不存在任何需要更精巧的手或更稀罕地成功完成的天才作品，我们就不应当期望寓意比拟作为无知和迷信的产物实际上是完全完善的。恐惧之神和恐怖之神[3]是马尔斯之子，这是正当的，但为什么由维纳斯所生？[4] 和谐之神[5]是维纳斯之女，这是正常的，但为什么由马尔斯所生？[6] 睡眠之神是死亡之神的兄弟[7]，

① 许癸厄亚(Hygieia)，希腊神话学和传说中司掌健康的女神，有说认为她是埃斯枯拉皮俄斯之女，但也有说认为她是埃斯枯拉皮俄斯之妻。——译者

② 埃斯枯拉皮俄斯(Aesculapius)，希腊神话学和传说中的医神，是阿波罗和科罗尼斯之子。——译者

③ 恐惧之神(Fear)，恐怖之神(Terror)，罗马神话学和传说中马尔斯和维纳斯(相当于希腊神话学中阿瑞斯和阿佛洛狄特)生下的双胞胎德摩斯和福波斯，他们经常陪伴在父亲身边，是战场上令人闻风丧胆的神。——译者

④ Hesiod. Theog. Ⅰ. 935. [赫西俄德：《神谱》，933—935；参见《工作与时日 神谱》，张竹明、蒋平译，商务印书馆 1991 年版，第 54 页。在赫西俄德的文本中，“马尔斯”为“阿瑞斯”，“维纳斯”为“阿佛洛狄特”的称号之一“库忒瑞亚”。]

⑤ 和谐之神(Harmony)，罗马神话学和传说中马尔斯和维纳斯(相当于希腊神话学和传说中阿瑞斯和阿佛罗狄特)之女哈摩尼亚。——译者

⑥ Hesiod. Theog. Ⅰ. & Plut. In vita Pelop. [赫西俄德：《神谱》，936—937；参见《工作与时日 神谱》，张竹明、蒋平译，商务印书馆 1991 年版，第 54 页。普鲁塔克：《佩洛皮达斯传》，第 19 章。]

⑦ 睡眠之神(Sleep)，死亡之神(Death)，希腊神话学和传说中黑夜之神纽克斯之子许普诺斯和塔那托斯；前者轻盈温柔，对人类友好甜蜜；后者心如铁石，性似青铜，不知怜悯。按照神话学和传说，许普诺斯从赫拉那里得到美惠女神之一帕茜塞娅为妻。——译者

这是合适的，但为什么把他描述为美惠女神之一所爱恋的？[①] 既然古代神话学家已经陷入如此粗鄙的和可觉察的[②]错误，我们就没有理由一定要期望如同某些人努力从他们的虚构中推演出来的那样精致的和绵长的寓意比拟。

5　卢克莱修[③]显然受到异教徒的虚构中可以见到的寓意比拟的强烈现象的诱惑。他最初描绘维纳斯，如同描绘那种把生气赋予宇宙、更新宇宙和美化宇宙的创造性力量；但是他很快就因神话学而暴露出不一致：他祈求那个寓意比拟的角色来平息她的情人马尔斯的狂怒，一个不是出自寓意比拟，而是出自通俗宗教的观念，卢克莱修作为伊壁鸠鲁主义者不能始终一贯接受的观念。

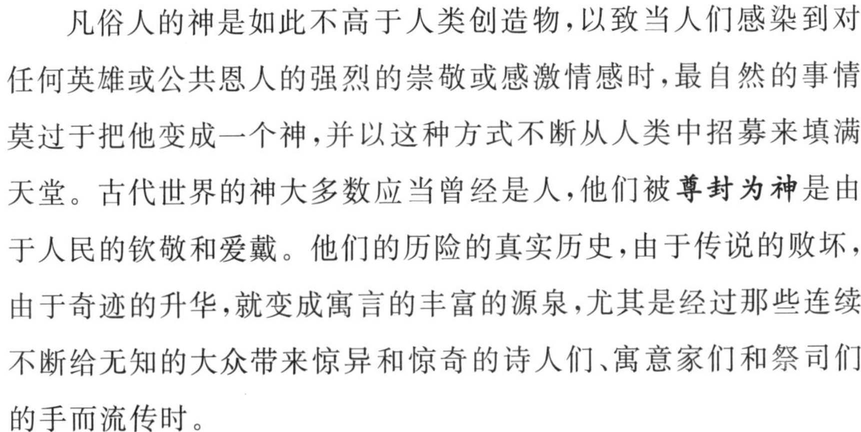

6　凡俗人的神是如此不高于人类创造物，以致当人们感染到对任何英雄或公共恩人的强烈的崇敬或感激情感时，最自然的事情莫过于把他变成一个神，并以这种方式不断从人类中招募来填满天堂。古代世界的神大多数应当曾经是人，他们被**尊封为神**是由于人民的钦敬和爱戴。他们的历险的真实历史，由于传说的败坏，由于奇迹的升华，就变成寓言的丰富的源泉，尤其是经过那些连续不断给无知的大众带来惊异和惊奇的诗人们、寓意家们和祭司们的手而流传时。

7　画家们和雕刻家们也参与分享他们在这些神圣奥秘中的一份

① Iliad, xiv. 267.［荷马：《伊利亚特》卷 XIV，第 267 行以下；参见汉译本，陈中梅译注，译林出版社 2000 年版，第 384 页。］

② “可觉察的”，AWC 版为“明显的”，TLB 版为“可觉察的”。——译者

③ 卢克莱修（Lucretius，约公元前 99—前 55 年），古罗马诗人和哲学家，伊壁鸠鲁主义者，其主要著作有《物性论》。——译者

利益，他们把人们的神装扮成人的形象，给他们提供对他们的神的感性表象，极大增加公众的虔诚并确定公众的虔诚的对象。具有概然性的是，在粗陋的和野蛮的时代，正因为缺乏这些艺术，人们才把植物、动物甚至粗野的杂乱无章的物质奉为神，而不是毋须一
个感性的崇拜对象就将神性系附于这样笨拙的形式。如果在早期 51
时代叙利亚的任何一位雕塑家能够形成适当的阿波罗形象，太阳石这个圆锥石就绝不会变成如此深切的崇敬的对象，就决不会被公认为太阳神的表象。[1]

8 斯第尔波[2]断言城堡里的密涅瓦不是神，而是雕刻家菲迪亚斯的手艺，他因此受到亚略巴古[3]审判委员会的流放。[4] 当雅典人和亚略巴古的法官能够怀有如此粗鄙的设想时，我们必须[5]期望其他民族的凡俗人的宗教信仰中有何种程度的理性呢？

9 于是，这些就是多神信仰的基于人的本性、很少或毫不依赖于

① Herodian, lib. v. [希罗第安(Herodian，约 170—240 年)，罗马帝国时代的希腊历史学家：《罗马帝国史》卷Ⅴ，第 3 章，第 3—5 节。]阿蒙神朱庇特被库尔提乌斯描绘为同一个种类的神。Lib. iv. cap. 7. [库尔提乌斯：《亚历山大的历史》卷Ⅳ，第 7 章，第 21—24 节。]阿拉伯人和波斯人也把不成形的或无定形的石头作为他们的神来崇拜。Arnorb. Lib. vi. [阿诺比乌斯：《反异教徒》卷Ⅵ，第 11 章；亦参见卷Ⅲ，第 15 章和卷Ⅶ，第 49—50 章。]他们的愚蠢极大地超过埃及人的愚蠢。

② 斯第尔波(stilpo，约公元前 360—前 280 年)，古希腊麦加拉学派哲学家，擅长逻辑学、辩证法和伦理学。——译者

③ 亚略巴古(Areopagus)，雅典卫城西北的阿瑞斯岩石或马尔斯山，这里意指负责审理刑事和民事案件的雅典高等上诉法院。——译者

④ Dion. Laer. lib. ii. [第欧根尼·拉尔修(Diogenes Laertius，约公元前三世纪，希腊哲学史家和传记作家，其主要著作有《名哲言行录》)：《名哲言行录》卷Ⅱ，第 11 章“斯第尔波”，第 5 节；参见汉译本，马永翔等译，吉林人民出版社 2003 年版，第 149 页。]

⑤ “必须”，AWC 版为“可以”，TLB 版为“必须”。——译者

任性或偶因的一般原则。因为一般说来赋予幸福或苦难的**原因**是很少已知的[1]和非常不确定的[2]，我们的急切关怀努力达到对它们的确定观念，而能够找到的最佳手段莫过于将它们描绘为像我们自己这样具有理智和意志、仅仅在力量和智慧上略高于我们的动因。这些动因的有限影响力和它们与人类弱点的巨大接近性就导致它们的权威的各种不同的分配和划分，由此就产生寓意比拟。这同一些原则[3]自然就把力量、勇气或知性较高的有死者奉为神，并产生英雄崇拜，与之一道就产生一切粗野的和不可说明的形式下的寓言历史和神话学传统。由于一个不可见的精神性理智是一个太精致的对象而不适合于凡俗人的领悟力，人们自然就把它系附于某个感性表象，诸如或者自然的较引人注目的部分，或者一个较精致的时代形成的它的神的雕像、肖像和画像。

无论什么时代或国家，几乎一切偶像崇拜者都赞同这些一般的原则和设想，甚至他们给他们的神派定的特殊的性格和辖域也不是极端不同的。[4] 希腊和罗马的旅行家和征服者不难发现到处都有他们自己的神，并说，这是墨丘里、那是维纳斯，这是马尔斯、那是尼普顿，不论那些陌生的神可能被冠以什么名称。我们萨克

---

① “很少已知的”，AWC版为“完全未知的”，TLB版为“很少已知的”。——译者

② “非常不确定的”，AWC版为“不确定的”，TLB版为“非常不确定的”。——译者

③ 这同一些原则意指这些动因的有限影响力和它们与人类弱点的巨大接近性。——译者

④ 参见恺撒对高卢人的宗教的论述，de Bello Gallico，lib. vi.［恺撒：《高卢战记》卷Ⅵ，第16—17节；参见汉译本，任炳湘译，商务印书馆1979年版，第140—141页。］

森人祖先的女神赫塔按照塔西佗[1]看来[2]似乎不外是罗马人的地母忒路斯[3]，他的猜测显然是有根据的。

① 塔西佗(Tacitus，约55—120年)，罗马帝国时代最伟大的历史学家，其主要著作有《历史》和《编年史》等。——译者

② De Moribus Germ.［塔西佗：《论日耳曼人的风俗》，第40节；参见《阿古利可拉传 日耳曼尼亚志》，马雍、傅正元译，商务印书馆1985年版，第75页。在塔西佗的文本中，"萨克森人"为"盎格利夷人"，"忒路斯"为"纳尔土斯"。］

③ 忒路斯(Tellus)，古代日耳曼人的地神或地母，司掌生死、丰收和婚姻等。——译者

第六章　一神信仰起源于多神信仰 52

1　关于一个最高神亦即自然的创作者的学说是非常古老的，流传在许多伟大的和人口众多的民族中，而且在这些民族中被各种不同等级和身份的人们所接受；但是，无论谁认为这种学说取得成功归因于它毫无疑问以之为基础的那些不可战胜的理由的主导力量，他就会显露出他自己根本不了解人民的无知和愚蠢，不了解他们的无可救药的有利于他们的特殊迷信的偏见。甚至今天在欧洲，若问任何一个凡俗人为什么他相信一个全能的世界创造者，他决不会提及他对之完全无知的终极原因的美；他不会伸出他的手，请你静观他的手指关节的柔韧和灵活、四个手指朝着一个方向的弯曲、它们与拇指的平衡把握、他的手掌的柔软丰厚以及所有其他使这个肢体适合于其命定的用途的因素。对这些他长期以来已经习惯；他无精打采和无动于衷地注视它们。他会告诉你这样一个人的突然意外的死亡、那样一个人的跌倒挫伤、这个季节的过度干旱、那个季节的寒冷多雨。这些他归因于天意的直接活动；这样的事件在健全的推理者看来是承认一个最高理智的主要困难，在他看来是对一个最高理智的唯一论证。

2　许多一神信仰者，甚至最热忱和最精致的一神信仰者否认一个**特殊**天意，他们断言，万物的最高心灵或最初原则，在确定自然

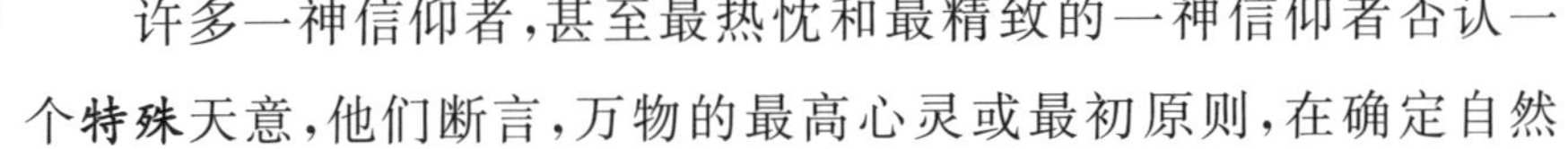

由之所支配的一般法则时，给予这些法则以自由的和不受打断的过程，每一轮都不通过特殊意愿来扰乱事件的固定秩序。他们说，我们根据既定规则的美妙联系和严格奉行而得出对一神信仰的主要论证；我们根据这同一些原则能够回答对一神信仰的主要反驳。但是一般人类几乎不能理解这一点，以致不论哪里他们观察到任何人把一切事件归因于自然的原因和排除神的特殊干预，他们就倾向于怀疑他彻底的不信神。培根[1]勋爵[2]说，“少量的哲学使人们变成无神论者，大量的哲学使人们和解于宗教。”[3]对那些由于 53
迷信的偏见的教导而把重点置于错误地方的人们来说，当这导致他们失败，而他们由于稍微的反思而发现自然的过程是有规律的和齐一的时，他们的整个信仰就动摇和坍塌。但是当他们由于更多的反思的教导而懂得这种规律性和齐一性正是设计和最高理智的最有力证明时，他们就复归他们曾经抛弃的那个信念；他们现在就能把那个信念建立在更坚实和更持久的基础之上。

3 自然中的激变、混乱、异象、奇迹，尽管是与一个有智慧的监管者的计划最对立的东西，却给人类留下最强烈的宗教情感，因为事件的原因在那些时候似乎是最未知的和最不可说明的。疯狂、狂怒、暴怒和燃烧的想象力，尽管它们使人们下沉到最接近于野兽的层次，却由于相似的理由而经常被认定是我们能够与神有任何直

---

① 培根（Francis Bacon，1561—1626 年），英国散文作家、哲学家、法学家和政治家。——译者

② “勋爵”，AWC 版为“勋爵阁下”，TLB 版为“勋爵”。——译者

③ 参见《培根论说文集》第十六篇“论无神论”，水天同译，商务印书馆 1983 年第二版，第 57 页。休谟的引文略有改动，培根的原文是：“诚然，少量的**哲学**使人的心灵倾向于**无神论**，但是深入**哲学**则将人的心灵引向**宗教**。”——译者

接交流的唯一性情。

4　因此，总体上，我们可以推断，既然在接受一神信仰的教义的民族中凡俗人仍然把这个教义建立在非理性的和迷信的原则[①]之上，因此他们被引向那个意见就绝不是经由任何论证进程，而是经由某个更适合于他们天才和能力的一定思想路线。

5　在偶像崇拜的民族中可能很容易出现，虽然人们承认几个有限的神的实存，但是存在[②]某一个神，他们以一种特殊方式将之变成他们崇拜和崇敬的对象。他们可能或者认定，在诸神权力和领地的分配方面，他们的民族隶属于那个特殊的神的管辖；或者把天堂的对象还原为下界的事物的模型，他们可能将一个神描绘为其余的神的君主或最高统治者，虽然他与其余的神有着同一种本性，但是他以一种权威统治着其余的神，好像尘世的主权者统治着其臣民和附属一样。因此，无论这个神是被当作他们的特殊的恩主，还是被当作天堂的一般的主权者，他的信徒都将努力通过每一个技艺[③]来使他们自己获得他的惠爱；而当他们认定他像他们自己一样对称赞和奉承感到高兴时，他们就将毫无保留地把一切颂扬或夸张奉献给他。随着人们的恐惧或悲伤变得更加紧迫，他们还发明新的吹捧方式；甚至一个人通过增大神的称号来胜过他的先行者，他的后继者一定通过更加新颖更加浮华的称赞之辞来胜过他。他们就这样不断前进，直到最后达到没有任何更进一步进程

① “原则”，AWC 版为“意见”，TLB 版为“原则”。——译者

② “存在”，AWC 版为“可能存在”，TLB 版为“存在”。——译者

③ “技艺”，AWC 版为“行为”，TLB 版为“技艺”。——译者

的无限本身；当他们努力向前，要描绘一种壮丽的简单性时，如果他们没有陷入不可解释的奥秘和摧毁他们的神的那种一切合理的 54
崇拜或崇敬能够唯独以之为基础的理智性本性，就是好的。当他们把自己局限于一个完善的存在者即世界的创造者的概念时，他们就碰巧一致于理性和真正哲学的原则，尽管他们被引向那个概念不是经由他们在很大程度上还不能具备的理性，而是经由对最凡俗的迷信的吹捧和恐惧。

6 我们经常发现，在野蛮民族、有时甚至在文明民族中，对专断的君主，当每一种形式的奉承已经用尽，当每一种人类的品质已经称赞到极致时，他们的卑躬屈膝的侍臣就将他们最后描绘为真正的神，将他们作为崇敬的对象指点给人民。因此，一个最初被认定只是生活中特殊的善和恶的直接创作者的有限的神，将会最终被描绘为宇宙的最高创造者和修改者，这是多么自然啊？

7 甚至在最高神这个概念已经确立起来的地方，虽然它应当自然减少每一种其他崇拜，降低每一个其他崇敬对象，但是如果一个民族拥有对一个附属的守护神、圣徒或天使的意见，他们对这个存在者的称颂就逐渐上升到他们之上，侵占那本应属于他们的最高神的崇敬。在宗教改革的审查之前圣母玛利亚已经从纯粹是一个善良女性进展到夺取全能神的许多属性；在莫斯科人的所有祈祷和祈求中神和圣尼古拉①携手并行。

① 圣尼古拉(St. Nicholas，270—343 年)，罗马帝国吕西亚行省的米拉城的主教，一生中有许多奇迹和荣誉，是圣诞老人的原型。他在基督教世界广受尊崇和纪念，欧洲很多国家和地区的人们把他当作水手、商人、儿童和学生等的保护圣人。——译者

8 因此，那个出于爱而化身为公牛以掳走欧罗巴、出于野心而废黜其父萨图尔努斯的神就变成异教徒的俄普提穆斯·马克西穆斯[①]。因此，亚伯拉罕、以撒和雅各[②]的神就变成犹太人的最高神或耶和华[③]。

9 否认始孕无玷[④]的雅各宾派[⑤]在他们的学说上一直是非常不幸的，即使政治理由使得罗马教会没有谴责他们的学说。科德利尔派[⑥]赢得全体大众。但是在15世纪，正如我们从布兰维利埃[⑦]那里得知，一个意大利的科德利尔修士坚持认为，在基督被埋葬的三天里，

① 俄普提穆斯·马克西穆斯(Optimus Maximus)，是朱庇特的美名，其含义是最善良和最伟大者。——译者

② 亚伯拉罕、以撒和雅各，犹太人的三大圣祖。亚伯拉罕在犹太教、基督教和伊斯兰教中都是一个著名人物，在犹太教中他是犹太人的祖先和美德的典范，在基督教中他是一切信徒之父，在伊斯兰教中他是穆罕默德的祖先和宽大的典范。按照《创世记》，亚伯拉罕百岁时与妻子莎拉生以撒；以撒四十岁时与妻子丽百加生双胞胎以扫和雅各；后来神给雅各改名为以色列，把原来赐给亚伯拉罕和以撒的土地赐给他和他的后代。——译者

③ “亚伯拉罕、以撒和雅各的神就变成犹太人的最高神或耶和华”，T. H. 格林(T. H. Green)和 T. H. 格罗斯(T. H. Grose)考证的1756年校样为“世俗的犹太人仅仅设想为亚伯拉罕、以撒和雅各的神的那个神就变成他们的耶和华和世界的创造者”，AWC 版为“尽管有摩西和圣灵作家提议的这些崇高观念，许多凡俗的犹太人似乎仍然把最高存在者设想为单纯的相关领域神或民族保护者”，TLB 版为“亚伯拉罕、以撒和雅各的神就变成犹太人的最高神或耶和华”。——译者

④ 始孕无玷(the immaculate conception)，亦译作无原罪始胎，是罗马天主教会圣母学的四教义之一。它主张，由于神的特殊恩典，圣母玛利亚自她的母亲圣安妮受孕怀胎的那个时刻起就免受原罪的玷污。——译者

⑤ 雅各宾派(Jacobins)，法国多米尼克会修士。——译者

⑥ 科德利尔派(Cordeliers)，法兰西斯会修士。——译者

⑦ Histoire Abregée, p. 499.［布兰维利埃(Boulainvilliers，1658—1722年，法国哲学家和历史学家)：《法国史简编》(*Abrégé chronologique de l'histoire de France*, in *Etat de la France*, Paris, 1728. volume 3)，第499页。］

原质的合一[1]已经消散，他的人的本性在那个时期不是崇敬的适当对象。不需要占卜的技艺，人们就可以预言，如此粗陋的和不虔敬的亵渎不会不受到人民的诅咒。对雅各宾派来说这是大肆侮辱的机会，现在他们获得对他们在始孕无玷的论战中的不幸遭遇的某种补偿。[2]

10　在一切时代，宗教主义者不是放弃这个吹捧的倾向，而是致力 55
于最大的荒谬和矛盾。

11　荷马在一个段落中按照希腊人既定的神话学和传说把奥切安努斯和忒修斯称为万物的原始父母[3]；而在其他段落中，他不禁以这个庄严的名称来称颂朱庇特这位统治神，把他称为诸神和人类之父。他忘记，每一座神庙、每一条街道都充满着这位朱庇特的祖先、叔父、兄弟和姊妹，他其实不过是一个突然发迹的弑亲者和篡位者。相似的矛盾在赫西俄德那里[4]也可以见到，而且是更加不

① 原质的合一(the hypostatic union)，意指分别构成基督的位格中神的本性和人的本性之基础的实体或基质的合一，也可以指基督的位格中神的本性和人的本性的合一。——译者

② “否认始孕无玷的雅各宾派……对他们在始孕无玷的论战中的不幸遭遇的某种补偿。”这段正文，AWC 版编排为往上第二段中“在宗教改革的审查之前圣母玛利亚已经从纯粹是一个善良女性进展到夺取全能神的许多属性”这个句子的注释，TLB 版编排为正文。——译者

③ 荷马:《伊利亚特》卷XIV，第 200—204 行和第 301—304 行，亦参见卷XV，第 12 和 47 行；汉译本，陈中梅译注，译林出版社 2000 年版，第 381 和 386 页，亦参见第 396 和 398 页。奥切安努斯(Oceanus)，亦译作俄开阿诺斯，是海洋男神；忒修斯(Tethys)，亦译作忒苏丝，是海洋女神；按照古希腊神话学和传说，两者是创世的父母。——译者

④ 赫西俄德在《神谱》中将宙斯描绘为“诸神和人类之父”(第 47 行，《工作与时日 神谱》，张竹明、蒋平译，商务印书馆 1991 年版，第 27 页)，随后又宣称“最先产生的卡俄斯或混沌”(第 116 行，《工作与时日 神谱》，张竹明、蒋平译，商务印书馆 1991 年版，第 29 页)，后来又将克洛诺斯描绘为在宙斯诞生之前阉割他的父亲(第 176 行以下，《工作与时日 神谱》，张竹明、蒋平译，商务印书馆 1991 年版，第 31 页)，等等。——译者

可原谅，因为他公开宣称的意向是提供诸神的真正谱系。

12 如果存在一种宗教（而且我们可以怀疑伊斯兰教具有这种不一致性），它有时以最崇高的色彩将神描绘为天堂和尘世的创造者，有时将他降低到在力量和能力上几乎与人类创造物处于一个层次[①]，同时又将道德方面的合适的弱点、激情和偏袒归与他：那么这种宗教在它消亡之后也会被援引为从人类的粗陋的、凡俗的和自然的概念（与他们对奉承和夸大的连续倾向相对立）中产生出来的那些矛盾的一个实例。实际上没有什么东西能够比发现（幸而这就是基督教的情形）其摆脱与人的本性如此紧密联系的矛盾，将会更有力地证明任何宗教的神性起源。

① “有时将他降低到在力量和能力上几乎与人类创造物处于一个层次”，T. H. 格林（T. H. Green）和 T. H. 格罗斯（T. H. Gmse）考证的 1756 年校样为“有时将他降低到如此接近于人类创造物的层次，以至于将他描绘为与人摔跤[《创世记》第 32 章第 22—30 节]、寒夜行走[《创世记》第 3 章第 8 节]、显现背影[《出埃及记》第 33 章第 22—23 节]和从天堂降临尘世来亲自了解尘世发生的事情[《出埃及记》第 33 章第 9—11 节]”。

第七章　这个学说的确证 56

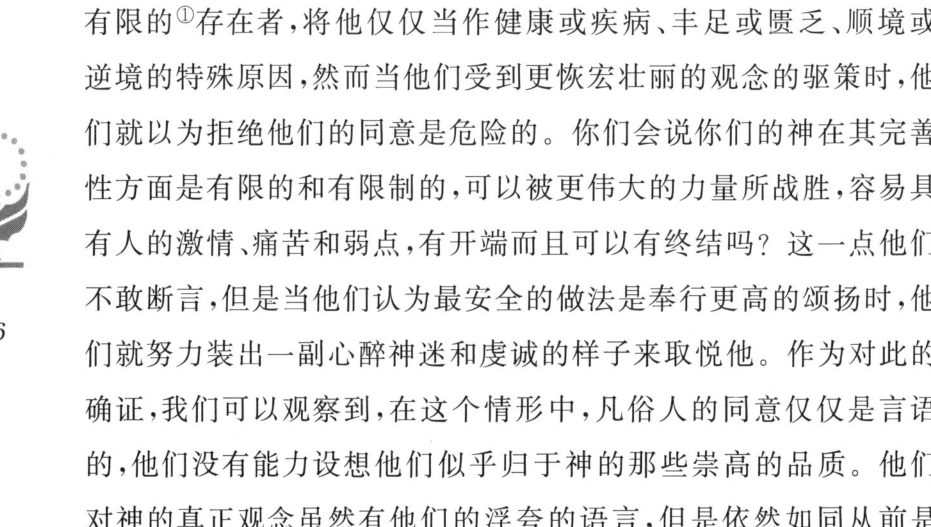

1　看来确定无疑的是，尽管凡俗人的原始概念将神表现为一个有限的[1]存在者，将他仅仅当作健康或疾病、丰足或匮乏、顺境或逆境的特殊原因，然而当他们受到更恢宏壮丽的观念的驱策时，他们就以为拒绝他们的同意是危险的。你们会说你们的神在其完善性方面是有限的和有限制的，可以被更伟大的力量所战胜，容易具有人的激情、痛苦和弱点，有开端而且可以有终结吗？这一点他们不敢断言，但是当他们认为最安全的做法是奉行更高的颂扬时，他们就努力装出一副心醉神迷和虔诚的样子来取悦他。作为对此的确证，我们可以观察到，在这个情形中，凡俗人的同意仅仅是言语的，他们没有能力设想他们似乎归于神的那些崇高的品质。他们对神的真正观念虽然有他们的浮夸的语言，但是依然如同从前是贫乏的和肤浅的。

2　拜火教徒说，原始理智是万物的最初原则，他只把自己**直接**显示给心灵和知性；但是他把太阳作为他的形象置于可见的宇宙中；当那个灿烂的发光体[2]把光芒洒满大地和天空时，它就是那寓存于

① “有限的”，AWC 版为“非常有限的”，TLB 版为“有限的”。——译者

② 那个灿烂的发光体意指太阳。——译者

更高天堂中的光荣[①]的暗淡摹本。如果你们想要避免这个神性存在者的不快，你们就必须小心谨慎，绝不赤脚踏地，绝不向火中吐涎，亦绝不向火中泼水，即使它正在吞噬整座城池[②]。伊斯兰教徒说，谁能表现全能者的完善性？甚至他自己的作品中的最高贵的作品，若与他自己相比较，也不过是尘埃和垃圾。人类的设想必定何等更加不能表现他的无限的完善性？他的微笑和惠爱使人们永远幸福；为了为你们的孩子获得他的惠爱，最好的方法就是在他们婴儿时从他们身上割下大约半枚硬币宽的一小块皮肤[③]。罗马天主教徒说[④]，取两块大约一平方或一点五平方英寸的布片，用两根大约十六英寸长的绳或带将它们以角连系起来，套过你的头，将其中一块放在前 57
胸、另一块放在后背，让它们紧贴你的肌肤；再没有比这更好的奥秘来把你们自己推荐给那个从永恒到永恒实存着的无限存在者。

3 盖蒂人因为他们对灵魂不死的坚定信念而通常被称为不死的，他们是真正的一神信仰者和惟一神信仰者。他们断言他们的神撒莫尔克西斯[⑤]是惟一真正的神，声称一切其他民族的崇拜都

① 那寓存于更高天堂中的光荣意指那个作为万物的最初原则的原始理智。——译者

② Hyde de Relig. Veterum Persarum.［海德（Thornas Hyde，1636—1703年，英国东方学家）：《古代波斯宗教史和祭司史——琐罗阿斯特传及其他》（*Historia religionis veterum Persarum, earumque Magorum; Zoroastris vita, etc.* Oxford，1700）。］

③ 这里意指伊斯兰教的割礼。——译者

④ 叫作 scapulaire［肩带］。

⑤ 撒莫尔克西斯（Zamolxis），亦译作撒尔莫克西司（拼作 Zalmoxis），是盖蒂民族信仰的惟一神。按照希罗多德的记述，希腊人认为，撒莫尔克西斯曾经是萨摩斯的毕达哥拉斯的奴隶，被释放后回到色雷斯，后来成为色雷斯人的神。希罗多德不完全相信希腊人的这个说法，认为撒莫尔克西斯生活在毕达哥拉斯之前。参见希罗多德：《历史》卷Ⅳ，第95—96章；汉译本，王以铸译，商务印书馆2001年版，第302—303页。——译者

是一种单纯的虚构和幻想。但是他们的宗教原则就更精致，能够说明这些宏大主张吗？每五年他们献祭一个人牲，他们把他作为信使派往他们的神，以向那个神报告他们的匮乏和必需。而当打雷时，他们是如此被激怒，以致为了回击这种挑衅，他们就向那个神射箭，而不把这场战斗作为不平等的予以拒绝。这至少是希罗多德对不死的盖蒂人的一神信仰做出的说明[①]。

① Lib. iv. [希罗多德:《历史》卷Ⅳ，第93—94章；参见汉译本，王以铸译，商务印书馆2001年版，第302页。]

第八章　多神信仰和一神信仰的交替盛衰 58

1　可以注意到，宗教的原则在人的心灵中有一种交替盛衰[①]，人们有一个自然趋向要从偶像崇拜上升到一神信仰，再从一神信仰下降到偶像崇拜。这就是说，凡俗人，其实除了少数人之外的整个人类，当他们是无知的和未受教化的时候，从来没有把他们的静观提升到天堂，或者通过他们的研究而深入到植物或动物形体的隐秘结构，以至于发现赋予自然的每个部分以秩序的最高心灵或原始天意。他们以较受限制的和自私的观点来考虑这些令人钦敬的作品；当他们发现他们自己的幸福和苦难依赖于外部对象的隐秘影响和意外出现时，他们就以持久的注意力注视那些通过其有力而无声的活动来支配所有这些自然事件和分配快乐和痛苦、善和恶的**未知的原因**。这些未知的原因还被他们求助来说明每个显露的事物，而在这个一般的现象或混乱的意象中，人的希望和恐惧、意愿和担忧的持久对象就出现。逐渐地，人们的能动的想象力，在对它不断运用的对象的这种抽象设想方面感到不舒适时，就开始

---

① 交替盛衰(flux and reflux)，一般译作潮涨和潮落，这里意指多神信仰和一神信仰的周期性的兴盛和衰落，故译作交替盛衰。——译者

把它的对象变成更特殊的，将它们装扮成在外形上更适合于它的自然领悟力。它将它们描绘为像人类这样的感性的和理智性的存在者，由爱和恨所驱动，因礼物和恳求、祈祷和献祭而可变通。因此这就是宗教的起源；因此这就是偶像崇拜或多神信仰的起源。

2 虽然对幸福的急切关怀产生[①]对这些不可见的理智性力量的观念，但是这同一种对幸福的急切关怀并不允许人类长久停留于对它们的最初的简单设想，即有力的但有限的存在者，人的命运的主人但命定和自然过程的奴隶。人们的夸张的称赞和赞美还进一步膨大他们对它们的观念，在把他们的神提升到完善性的最大限度时，就最终产生唯一性和无限性、简单性和精神性的属性。如此精致的观念是与凡俗的领悟力颇不相称的，不能长久停留于它们的原始的纯粹性，而要求得到对居于人类和他们的最高神之间的下级调解人或下属代理人的概念的支持。这些更多分有人的本性 59
和我们更加熟悉的半人半神或中间存在者就变成虔诚的主要对象，并逐渐召回从前被胆小贫困的有死者们的热情祈祷和颂扬所放逐的那种偶像崇拜。但是由于这些偶像崇拜型的宗教每天陷入更粗陋和更凡俗的设想中，它们最后就毁灭自己，并通过它们形成的对它们的神的可憎描绘而使潮流再次转向一神信仰。但是，在人的情感的这种交替革命中，返回偶像崇拜的倾向是如此巨大，以致最大限度的预防措施都不能有效阻止它。某些一神信仰者尤其是犹太教徒和伊斯兰教徒已经觉察到这一点，这从他们放逐一切雕塑艺术和绘画艺术，不允许对他们的神，甚至人的形象的描绘采

① “产生”，AWC 版为“造成”，TLB 版为“产生”。——译者

取大理石或颜料来进行，以免人类的这个共同弱点将会由此产生偶像崇拜可以看出来。人们的微弱的领悟力不能满足于把他们的神设想为纯粹精神和完善理智，而他们的自然的恐怖又阻止他们把局限性和不完善性的丝毫阴影归于他们的神。他们在这些对立的情感之间动摇不定。这同一个弱点还拖着他们向下，从全能的和精神性的神到有限的和形体性的神，从有限的和形体性的神到雕像或可见表象。这同一种努力在提升中还推动他们向上，从雕像或质料性的形象到不可见的力量，从不可见的力量到无限完善的神即宇宙的创造者和主权者。

第九章　这些宗教在迫害和宽容方面的比较 60

1　多神信仰或偶像崇拜完全是基于凡俗的传统，很容易具有这个严重的不便，即任何一种不论多么野蛮或腐败的做法或意见都能得到它的认可，全部领域被保留给流氓去利用轻信，直至把道德和人性从人类的宗教体系中驱逐出去。同时，偶像崇拜伴有这个明显的优势，即它通过限制它的神的力量和功能，自然承认其他教派和民族的神享有神性，并使各种不同的神和仪式、典礼或传说彼此相容①。一神信仰在其优势和劣势两个方面都是相反的。由于

---

① 普林尼在 lib. xxviii. cap. 2[《自然史》卷 XXⅧ，第 2 章]中引述，费里乌斯·弗拉库斯[Verrius Flaccus，生活时间不详，古罗马自由民和著名作家]断言，对罗马人来说，在他们围攻任何城镇之前，祈招那个地方的守护神、向他许诺比他现在享有的荣誉更大的[1]荣誉来贿赂他出卖他的老朋友和老信徒，是通常的。因为这个理由，罗马守护神的名字被作为最高宗教秘密加以保护，以免共和国的敌人能够以同一种方式吸引他反过来为他们服务。因为他们认为，如果没有名字，这类事情就决不能实施。普林尼说，祈招的普通形式在他那个时代在祭司的仪式中还保留着[《自然史》卷 XXⅧ，第 4 章]。而且马克诺比乌斯[Macrobius，5 世纪前期，罗马作家和新柏拉图主义哲学家，其主要著作有《农神节》等]传播过这种说法的一个源自萨摩尼库斯·塞里努斯[Sammonicus Serenus，？—212 年，罗马学者和古籍商，其主要著作有《秘密的事物》和《医药典》等，据说拥有一个六万多册藏书的图书馆]的《秘密的事物》的复本[《农神节》卷Ⅲ，第 9 章]。

[1]"更大的"，AWC 版为"同等的或更大的"，TLB 版为"更大的"。——译者

这个体系假定一种唯一的神性，即具有理性和善性的完善性，它就会（如果正当地执行）把每个琐屑的、不合理的或非人类的事物从宗教崇拜中驱逐出去，为人们树立正义和仁爱的最杰出的榜样和最威严的动机。这些巨大的优势固然没有被压倒（因为这是不可能的），然而被人类的恶行和偏见所产生的不便稍微抵消。当一个唯一的虔诚对象受到承认时，对其他神的崇拜就被看作荒谬的和不虔敬的。不但如此，虔诚对象的这种唯一性似乎自然要求信仰和典礼的唯一性，并为心怀阴谋的人提供一个借口来把他们的对手描绘为亵渎的，描绘为神的复仇和人的复仇的对象①。因为由于每个教派都自信它自己的信仰和崇拜是神完全接受的，而且由于没有任何一个教派能够设想同一个存在者会对不同的和对立的仪式和原则感到高兴，因此，几个教派就自然陷入敌意中，相互向 61
对方发泄那种神圣的热忱和仇恨，一切人类激情中最狂暴和最不可化解的激情。

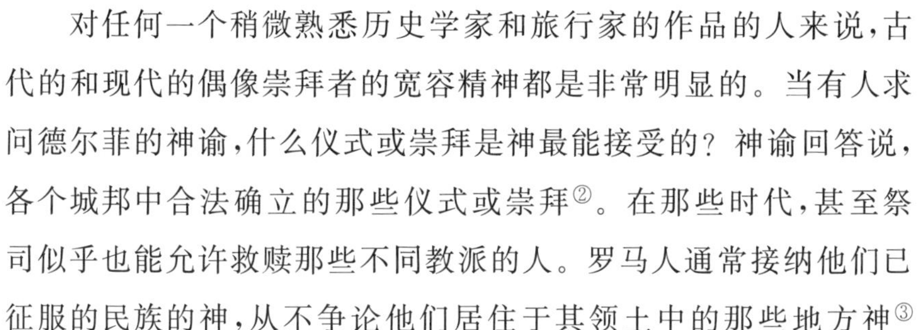

2　对任何一个稍微熟悉历史学家和旅行家的作品的人来说，古代的和现代的偶像崇拜者的宽容精神都是非常明显的。当有人求问德尔菲的神谕，什么仪式或崇拜是神最能接受的？神谕回答说，各个城邦中合法确立的那些仪式或崇拜②。在那些时代，甚至祭司似乎也能允许救赎那些不同教派的人。罗马人通常接纳他们已征服的民族的神，从不争论他们居住于其领土中的那些地方神③

---

① “对象”，AWC 版为“主题”，TLB 版为“对象”。——译者

② Xenoph. Memor. lib. i.［色诺芬：《回忆苏格拉底》卷Ⅰ，第 3 章，第 1 节；参见汉译本，吴永泉译，商务印书馆 1986 年版，第 22 页。］

③ “地方神”，AWC 版为“主题神”，TLB 版为“地方神”。——译者

和民族神的属性。埃及的偶像崇拜者的宗教战争和宗教迫害诚然是这条规则的一个例外，但是已经由古代作者根据独特的[1]和显著的理由予以说明。不同种类的动物是埃及人的不同教派的神；这些神处于连续不断的战争中，使得它们的信徒也处于同一种竞争中。狗的崇拜者与猫或狼的崇拜者不能长久保持和平[2]。但是[3]在这个理由不曾出现的地方，埃及人的迷信并不像通常想象的那样是不相容的，因为我们从希罗多德[4]那里得知，阿玛西斯[5]为德尔菲神庙的重建做出过非常巨大的贡献。

3 几乎一切坚持神的唯一性的宗教的不宽容都是与多神信仰者中的相反原则[6]一样显著的。犹太教徒的不可化解的、狭隘的精神是相当闻名的。伊斯兰教宣扬一些更血腥的原则，甚至到今天还对一切其他教派施以诅咒惩罚，尽管不是烈火和薪柴。而在基督徒中，如果英国和荷兰的基督徒已经接受宽容的原则，那么这种独特性发端于公民政府官员反对牧师和盲目信仰者的持续努力的坚定决心。

---

① “独特的”，AWC 版为“非常独特的”，TLB 版为“独特的”。——译者

② Plutarch. de Isid. & Osiride.［普鲁塔克：《道德论集》“爱西丝和奥西瑞斯”，第 72 章，379E—380C。］

③ “但是”，AWC 版为“而且”，TLB 版为“但是”。——译者

④ Lib. ii. sub fine。［希罗多德：《历史》卷Ⅱ，第 180 章；参见汉译本，王以铸译，商务印书馆 2001 年版，第 190 页。］

⑤ 阿玛西斯（Amasis），古代埃及第二十六王朝法老，公元前 570—前 526 年在位，他的统治时期被认为是古代埃及最繁荣的时期之一。希罗多德记载，他对埃及和希腊的许多神庙作过非常多的贡献和奉献。参见希罗多德：《历史》卷Ⅱ，第 175、176、180 和 182 章；汉译本，王以铸译，商务印书馆 2001 年版，第 188—191 页。——译者

⑥ 相反原则意指宽容。——译者

4　琐罗阿斯特[①]的信徒把天堂的大门对教徒[②]之外的所有其他人关闭起来[③]。最能阻挡征服波斯进程的莫过于这个民族反对希腊人的神庙和神像的狂热热忱。而在波斯帝国被推翻之后，我们发现，亚历山大作为多神信仰者立即恢复他们的先前君主作为一神信仰者曾经小心谨慎废除的巴比伦人的崇拜[④]。甚至这位征服者对希腊人的迷信的盲目而虔诚的依恋也只阻止他亲自按照巴比伦人的仪式和典礼去献祭[⑤]。

5　多神信仰是如此善于社交，以致它在对立的宗教中遭遇到的极端 62
粗暴和反感[⑥]也几乎不能令人对它感到厌恶和与它保持距离。奥古斯都极端称赞他的孙子盖尤斯·恺撒的矜持，当后面这位君主[⑦]途经耶路撒冷而没有降低身份按照犹太法献祭时。但是奥古斯都如此赞成这个行为是因为什么理由呢？仅仅因为那种宗教[⑧]被异教

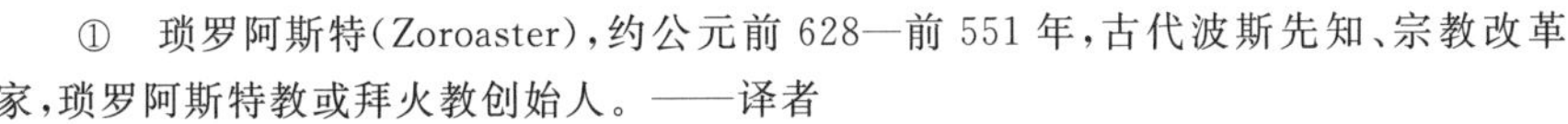

① 琐罗阿斯特(Zoroaster)，约公元前628—前551年，古代波斯先知、宗教改革家，琐罗阿斯特教或拜火教创始人。——译者

② 教徒(Magians)，一般译作经师，这里它不仅意指经师，而且意指信仰该教的人，故译作教徒。——译者

③ Hyde de Relig. Veterum Persarum.［海德：《古代波斯宗教史和祭司史——琐罗阿斯特传及其他》(*Historia religionis veterum Persarum, earumque Magorum; Zoroastris vita, etc.* Oxford, 1700)。］

④ Arrian. de exped. lib. iii. Id. lib. vii.［阿里安(Arrian，约86—160年，罗马帝国时代的历史学家和斯多亚派哲学家，其主要著作有《亚历山大远征记》和《爱比克泰德谈话录》等)：《亚历山大远征记》卷Ⅲ，第16章；卷Ⅶ，第17章；参见汉译本，李活译，商务印书馆2007年版，第112、277页。］

⑤ Id. ibid.［阿里安：《亚历山大远征记》卷Ⅲ，第16章；参见汉译本，李活译，商务印书馆2007年版，第113页。］

⑥ “反感”，AWC版为“厌恶”，TLB版为“反感”。——译者

⑦ “当后面这位君主”，AWC版为“当”，TLB版为“当后面这位君主”。——译者

⑧ 那种宗教意指犹太教。——译者

徒看作卑鄙的和野蛮的[①]。

6 我可以大胆断言，偶像崇拜和多神信仰的腐败很少是比一神信仰的这种腐败（当达到极高程度时）对社会[②]更有害的[③]。迦太基人、墨西哥人和许多其他野蛮民族中的人祭[④]根本不超过罗马和马德里的宗教审判和宗教迫害。因为除了在前一种情形中流血可能不像在后一种情形中那样严重之外，我是说，除此之外，通过抽签或通过某些外表标记来挑选人牲在相当大程度上并不影响社会的其余部分。反之，德性、知识、对自由的热爱是招致宗教审判官致命复仇的品质，而当它们被驱逐时，就使社会沦于最可耻的无知、腐败和奴役中。一个人被暴君非法杀害比一千个人因瘟疫、饥荒或任何不加区分的灾难而死亡是更有害的。

7 罗马附近阿里克亚的狄安娜[⑤]神庙中，无论谁杀死现任祭司，

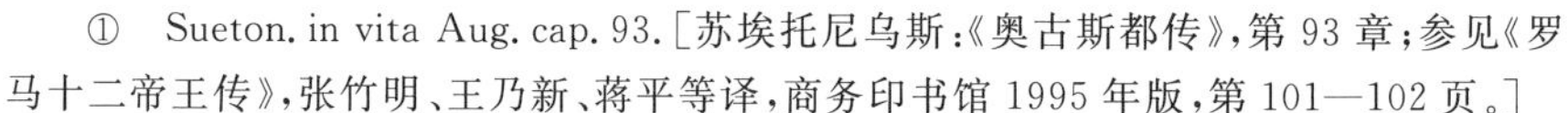

① Sueton. in vita Aug. cap. 93. [苏埃托尼乌斯：《奥古斯都传》，第 93 章；参见《罗马十二帝王传》，张竹明、王乃新、蒋平等译，商务印书馆 1995 年版，第 101—102 页。]

② “社会”，AWC 版为“政治社会”，TLB 版为“社会”。——译者

③ Corruptio optimi pessima. [最好的东西的腐败是最坏的东西。]

④ 大多数民族曾经陷入这种人祭的罪恶，尽管或许在任何文明化的民族中这种不虔敬的迷信从来没有非常盛行，除非我们排除迦太基人。因为提尔人很快就废除它。祭品被设想为礼物；任何礼物被送给他们的神都是通过毁灭它和将它变成对人无用的，通过烧毁固态的东西、泼掉液态的东西和杀死有生命的东西。因为缺乏更好的侍奉神的方式，我们就伤害我们自己，幻想我们由此至少表达我们善意和崇敬的心怀。因此，我们的逐利的虔诚欺骗我们自己，并想象它欺骗神。

⑤ 狄安娜(Diana)，罗马神话学中的月神、贞洁女神、狩猎女神和丰产女神等，相当于希腊神话学中的阿耳忒弥斯，被认为是平民和奴隶的保护神。在阿里克亚的狄安娜神庙中，祭司只能由奴隶担任，祭祀必须用血牲。——译者

他就合法地有资格继任其职位[1]。一种非常奇特的制度！因为普通迷信不论在凡俗人看来经常是多么野蛮和多么血腥，它们通常都致力于神圣秩序的利益。

① Strabo, lib. v. Sueton. in vita Cal. [斯特拉波：《地理学》卷V，第3章，第12节。苏埃托尼乌斯：《卡里古拉传》，第35章；参见《罗马十二帝王传》，张竹明、王乃新、蒋平等译，商务印书馆1995年版，第175页。]

第十章　在勇敢或屈尊方面的比较 63

1　从一神信仰和偶像崇拜的比较中我们可以形成某些其他的观察，这些观察亦将确证这个凡俗的观察：最好的东西的腐败产生最坏的东西。

2　在把神描绘为无限高于人类的地方，这个信念虽然是完全正当的，但是当与迷信的恐怖相结合时，很容易使人的心灵沉沦于最低下的顺服和屈尊，把斋戒、忏罚、谦卑和被动受苦这些僧侣德性描绘为神可接受的惟一品质。但是在把神设想为仅仅略高于人类、他们中许多都是从这个较低等级提升上来的地方，我们在谈论他们时就感到舒适自在得多，甚至可以毫无亵渎地渴望有时与他们竞争和竞赛。因此就有能动性、精神、勇气、恢宏大度、对自由的热爱以及一切可以扩大人民的德性。

3　异教中的英雄准确地相当于教皇制[①]中的圣徒和伊斯兰教中的圣僧。赫尔库勒斯、忒西乌斯、赫克托尔[②]、罗慕卢斯[③]的地位现

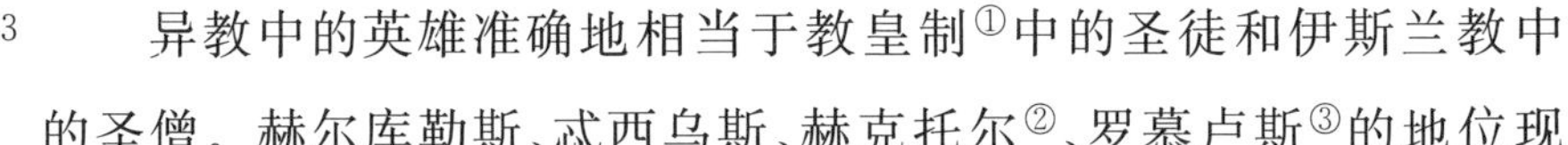

① 教皇制(popery)，对罗马天主教的贬称。——译者

② 赫克托尔(Hector)，希腊神话学和传说中的英雄，特洛亚战争中特洛亚军队的统帅。——译者

③ 罗慕卢斯(Romulus，约公元前771—前717年)，亦译作罗慕洛，罗马神话学和传说中的英雄，罗马城的创建者和罗马的第一位国王。普鲁塔克曾为他作传，并把他与忒西乌斯相比较，参见《希腊罗马名人传》，黄宏煦主编，陆永庭、吴彭鹏等译，商务印书馆1995年版，第39—85页。——译者

在由多米尼克[1]、法兰西斯[2]、安东尼[3]和本尼狄克特[4]所取代。代替斩除魔怪、制服暴君、保卫我们的祖国，鞭笞和禁食、懦弱和谦卑、卑贱的顺服和奴性的服从[5]，变成人类中获得天国荣誉的手段[6]。

4　虔敬的亚历山大在其战争探险中的一个重大激励是他与赫尔库勒斯和巴库斯的竞争，他有理由自称已经超过他们[7]。布拉西达斯[8]这位慷慨而高贵的斯巴达人在战场上倒下之后，拥有他曾经保护的安菲波利斯城的居民给予他的英雄荣誉[9]。而且一般来

---

① 多米尼克(Dominic，1170—1221年)，亦译作多明我，西班牙人，天主教托钵修会多米尼克会或多明我会创始人，死后被尊为圣徒。——译者

② 法兰西斯(Francis，1181—1226年)，亦译作方济各，意大利人，天主教托钵修会法兰西斯会或方济各会创始人，死后被尊为圣徒。——译者

③ 安东尼(Anthony，约251—356年)，埃及人，20岁时离家苦行，先在家乡附近和利比亚旷野、后在尼罗河岸山间隐修；组织其追随者创立多所隐修院，形成早期基督教中的隐修制度；死后被尊为圣徒和隐修制奠基人。——译者

④ 本尼狄克特(Benedict，480—550年)，亦译作本笃，意大利人，515年制定新的隐修制度，529年创建新的隐修院，建立本尼狄克特会或本笃会，确立主教修会制度的基本模式，提出"祈祷和劳动"的口号，使隐修院成为中世纪欧洲经济、政治和文化的重要组成部分；1964年被教皇保罗六世尊为欧洲的保护圣人。——译者

⑤ "服从"，原文是 disobedience，AWC 版和 TLB 版为 obedience，这里系根据上下文和后面两个版本校正。——译者

⑥ "鞭笞和禁食、懦弱和谦卑、卑贱的顺服和奴性的服从，变成人类中获得天国荣誉的手段"，AWC 版为"天国荣誉是通过鞭笞和禁食、通过懦弱和谦卑、通过卑贱的顺服和奴性的服从而获得的"，TLB 版为"鞭笞和禁食、懦弱和谦卑、卑贱的顺服和奴性的服从，变成人类中获得天国荣誉的手段"。——译者

⑦ Arrian passim.[阿里安：《亚历山大远征记》，散见于各处；尤见于卷Ⅳ，第10章；卷Ⅴ，第26章；卷Ⅷ，第5章；参见汉译本，李活译，商务印书馆2007年版，第149、211、299页。]

⑧ 布拉西达斯(Brasidas，？—公元前422年)，亦译作伯拉西达，伯罗奔尼撒战争期间的斯巴达指挥官。——译者

⑨ Thucyd. lib. v.[修昔底德(Thucydides，约公元前460—前395年，古希腊历史学家和雅典将军，其著作有《伯罗奔尼撒战争史》)：《伯罗奔尼撒战争史》卷Ⅴ，第1章；参见汉译本，谢德风译，商务印书馆1985年版，第362—363页。]

说，希腊人中的各个城邦和殖民地的建立者全都被那些获得他们的劳动的利益的人们提升到这个较低的神的等级。

5 这就产生马基雅维利[①]的这个观察[②]：基督宗教（意指天主教，因为他不知道任何其他宗教）的那些只推崇被动的勇敢和受苦的教义制服人类的精神，使他们适合于奴役和屈从。这个观察当然 64
会是正确的，倘若人类社会中没有许多其他控制宗教的特征和特性的因素。

6 布拉西达斯捉到一只老鼠，被它一咬，就将它放走。他说，“最令人轻蔑的事物是只要它有勇气保卫自己就可以获得安全[而却没有勇气]的东西。”[③]贝拉尔米纳[④]耐心而谦卑地让跳蚤和其他可恶的害虫叮咬他。他说，“我们将有天堂来回报我们的受苦；但是这些可怜的创造物除了今生的享受一无所有。”[⑤]希腊英雄和天主教圣徒的准则之间存在如此差异！

① 马基雅维利（Machiavelli，1469—1527 年），意大利文艺复兴时期的政治家、哲学家、历史学家和人文主义者，其主要著作有《君主论》、《论李维（罗马史）的最初十年》和《佛罗伦萨史》等。——译者

② Discorsi，lib. vi.［马基雅维利：《论李维》卷Ⅵ，第 2 章，第 6—7 节。］

③ Plut. Apoph.［普鲁塔克：《道德论集》“国王和司令官语录”，布拉西达斯，I，190B。］

④ 贝拉尔米纳（Bellarmine，1542—1621 年），意大利人，耶稣会士和天主教红衣主教，1930 年被尊为圣徒和教会博士。——译者

⑤ Bayle，Article BELLARMINE.［培尔（Pierre Bayle，1647—1706 年，法国哲学家和作家）：《历史批判词典》“贝拉尔米纳”词条，I：734—745，包括注 Z。］

第十一章　在理性或荒谬方面的比较 65

1　这里是为了同一个目的的另一种观察，是对最好的东西的腐败产生最坏的东西的一个新的证明。如果我们不带偏见地考察诗人们的作品中包含的古代异教徒的神话学，我们从其中将发现不出任何诸如我们最初可能易于领悟的那样令人震惊的荒谬。设想那形成这个可见的世界、人和动物的同一些力量或原则，无论它们是什么，也产生一个比其余物种有着更精致实体和更重大权威的理智性创造物的物种，困难何在？这些创造物可能是任性的、复仇的、情欲的和淫逸的，这是容易设想的；在我们自己中也最易于招来这样的恶行的因素莫过于绝对权威的放纵。简而言之，整个这个神话学体系是如此自然，以致在这个宇宙中包含的无限多样的行星和世界中看起来大于概然性的是，它在某个或其他地方真正得到执行。

2　就这个行星而言对这个神话学体系的主要反驳是，它不是由任何正当理性或权威确断的。异教的祭司和神学家们坚持的古代传说只是一个微弱的基础，而且还传递如此大量的全部得到同等权威支持的矛盾报告，以致要在它们中做出优先选择都变成绝对不可能的。因此，异教的祭司的全部辩论作品必定只有几卷篇幅；他们的整个神学必定更多地是由传说故事和迷信做法、而非哲学论证和争论组成的。

3　但是在一神信仰构成任何通俗宗教的根本原则的地方，这个信条是如此一致于健全理性，以致哲学易于将它自己与这样一个神学体系结合起来。如果这个体系的其他教义包含在诸如《古兰经》这样的圣书中或者是由像罗马教皇的权威那样的任何可见权威规定的，思辨的推理者①就自然坚持他们的同意，并接受他们的最早期教育灌输给他们的、其自身亦具有某种程度的一致性和齐一性的理论。但是由于这些现象一定②全部被证明是欺骗性的，哲学就将很快发现她自己与她的这个新伙伴非常不平等地结合在
一起；当她们一起前进时，不是她们各自调节自己的原则，而是她 66
每次被歪曲来为迷信的意图服务。因为除了必须得到调解和调节的不可避免的不一贯性之外，人们还可以有把握地断言，整个通俗神学，尤其经院神学有一种对荒谬和矛盾的嗜欲。如果这种神学没有超出理性和共同感官，她的学说就会看起来太容易和太熟悉。必然的是，惊讶必须被激发出来，奥秘必须被假装出来；黑暗和晦暗必须被寻找出来；善功的基础必须通过对最不可理解的诡辩的信念而被提供给希望有机会制服其反叛理性的虔诚信徒们。

4 教会的历史充分确证这些反思。当一场争论开始时，有些人总是确定无疑地自命预料到争论的问题。他们说，哪种意见是最违反平常意义的，它就一定获得胜利，甚至在这个体系的总体利益并不要求裁定胜负的地方。尽管异端的指摘有时可能在争论者中散播，然而它总是最终基于理性这一边。他们自命，任

① 在休谟这里，思辨的推理者和能动的行动者相对，前者是通过理性或知性进行思想的人，后者是通过情感和趣味激发行动的人。——译者

② “一定”，AWC 版为“经常”，TLB 版为“一定”。——译者

何人只要足够了解这类知识，知道阿里乌派[①]、贝拉基派[②]、埃拉斯都派[③]、苏西尼派[④]、撒伯里乌派[⑤]、优迪克派[⑥]、聂斯托利派[⑦]、一志

① 阿里乌派，以亚历山大里亚牧师阿里乌（Arius，约 260—336 年，利比亚人）的名字命名的基督教异端。318 年，阿里乌与亚历山大里亚主教发生关于三位一体教义的争论；他主张，圣父、圣子和圣灵不是同性同体，而是有产生和等级的差别，圣父先于圣子并产生圣子，圣父高于圣子和圣灵。320 年他被革除教籍，325 年和 381 年两次被定为异端。——译者

② 贝拉基派，以奥古斯丁同时代的僧侣贝拉基（Pelagius，约 360—430 年，爱尔兰人）的名字命名的基督教异端。贝拉基反对奥古斯丁的原罪学说和恩典学说，主张人没有原罪，人的自由意志既能使人作恶、亦能使人行善，人的得救不必依靠神的恩典。417 年他被革除教籍，次年被流放。——译者

③ 埃拉斯都派，以医学家和新教神学家埃拉斯都（Thomas Erastus，1524—1583 年，瑞士人）的名字命名的基督教异端。在宗教改革中，埃拉斯都反对加尔文教派利用教会权力以异端罪名判处人死刑，认为定罪和判刑属于国家和政府的权限，即使在宗教事务方面，国家权威也高于教会。——译者

④ 苏西尼派，以神学家莱利乌斯・苏西尼（Laelius Socinus，1525—1562 年，意大利人）和弗斯图斯・苏西尼（Faustus Socinus，1539—1604 年，意大利人）的名字命名的基督教异端。莱利乌斯坚持自由主义的神学立场。弗斯图斯反对三位一体的教义，主张耶稣基督不是在本性上具有神性，而是在职务上具有神性；他坚持用理智解释超自然的启示，主张凡是理智不能理解的东西都应当抛弃。——译者

⑤ 撒伯里乌派，以神学家撒伯里乌（Sabellius，2—3 世纪，意大利人）的名字命名的基督教异端。撒伯里乌出生于利比亚，约于 215 年到罗马传教，是一位论神学的主要代表人物。他反对三位一体的教义，主张上帝只有一位，圣父、圣子和圣灵是同一位格的不同变化的显现形式。大约 217 年他被革除教籍。——译者

⑥ 优迪克派，以拜占庭僧侣优迪克（Eutyches，约 380—456 年）的名字命名的基督教异端。优迪克反对聂斯托利的基督二性二位论，主张基督一性论，即基督的人的本性和神的本性融合为一个道成肉身的本性。448 年他被宣判为异端，449 年得到平反，451 年重新被宣判为异端，后来遭到处罚和流放。——译者

⑦ 聂斯托利派，以君士坦丁堡大主教聂斯托利（Nestorius，约 386—450 年，叙利亚人）的名字命名的基督教异端。聂斯托利提出基督二性二位论，主张基督中存在两种本性，即神的本性和人的本性，它们有着不同的原质或实体；他认为玛利亚是基督之母，而非上帝之母，反对将玛利亚神化，因此被斥为“上帝之母的敌人”。431 年他被谴责为异端，435 年被革职流放。——译者

论派[1]等等的定义，更不必说其命运尚不确定的新教徒的定义，他就会深信这个观察的真理性。正是以这样的方式，一个体系就从其在开端时仅仅是合理的和哲学的而变成在终结时更加荒谬的。

要以诸如**同一个事物不可能既存在又不存在、整体大于部分、二加三等于五**之类的微弱的准则来反对经院宗教的洪流，就是自命以一棵苇草来阻挡汪洋。你们想要竖立亵渎的理性来反对神圣的奥秘吗？对你们的不虔敬，任何最严厉的惩罚都不过分。过去为异端点燃的烈火同样也将用于消灭哲学家。

① 一志论派，7 世纪拜占庭帝国出现的基督教异端派别。他们主张，耶稣基督具有神的本性和人的本性，但这两种本性显示为一个意志，即神的意志，因此，耶稣基督不具有人的意志，不能做出人的行为。这个学说最初在 624 年由拜占庭皇帝赫拉克利乌斯公开传播，640 至 649 年期间多次受到教皇通告谴责，681 年被谴责为异端。——译者

第十二章 在怀疑或确信方面的比较 67

1 我们每天都遇到这样的人，他们对历史抱有如此怀疑的态度，以致他们断言对任何民族来说竟然相信像希腊和埃及的异教的原则那样的荒谬原则是不可能的，同时他们对宗教又抱有如此独断的态度，以致他们认为同样的荒谬不会在任何其他教派中找到。冈比西斯①怀有类似的偏见，非常不虔敬地嘲笑、甚至伤害埃及人的大神阿庇斯②，这个神在他亵渎的感官看来不过是一头高大的长有花斑的公牛。但是希罗多德卓有见识地把这种出于激情的俏皮话归因于他的头脑的真正疯狂或错乱③；这位历史学家说，否则他决不会公然侮辱任何既定崇拜。他接着说，因为在这个问题上每个民族对他们自己的既定崇拜感到最满意，认为他们比其他每

---

① 冈比西斯(Cambyses，？—公元前522年)，居鲁士大帝之子，波斯帝国国王，公元前525年征服埃及，是第一个统治埃及的波斯人。他对埃及人的圣牛阿庇斯的嘲笑和伤害可见于希罗多德:《历史》卷Ⅲ，第27—29章；汉译本，王以铸译，商务印书馆2001年版，第205—206页。——译者

② 阿庇斯(Apis)，埃及人的圣牛。按照希罗多德的记述，它是一头不能再怀孕的母牛因受天光照耀而怀孕生出的牛，其特征是全身黑色，前额有一块四方形白斑，背上有一个鹰状物，尾巴上有双股毛，舌头下有一个甲虫状物。参见希罗多德:《历史》卷Ⅲ，第28章；汉译本，王以铸译，商务印书馆2001年版，第206页。——译者

③ Lib. iii. cap. 38.[希罗多德:《历史》卷Ⅲ，第38章，亦可见第30章；参见汉译本，王以铸译，商务印书馆2001年版，第211页，第206页。]

个民族强。

2 必须承认，罗马天主教会是非常博学的教派，除了英格兰教会，没有一个教派能够争辩他们是所有基督教会中最博学的教会；然而，阿威罗伊[①]这位毫无疑问曾经听说过埃及人的迷信的著名阿拉伯人宣称，一切宗教中最荒谬和最荒唐的宗教就是那种其信徒创造出他们的神之后又将它们吃掉的宗教。

3 的确，我相信，一切异教中没有任何信条会像真在论[②]这个信条一样给予嘲笑如此美妙的机会；因为它是如此荒谬，以致它逃避一切[③]论证的力量。甚至有一些这类令人愉快的故事，它们虽然有点亵渎，却通常都是由天主教徒们自己讲述的。据说，有一天一位牧师分发圣餐时无意中分发的不是圣饼，而是一枚碰巧落入圣饼堆中的量具。领受这份圣餐的人耐心等待良久，期望它会在他的舌头上溶化；但是当发现它仍然完好无损时，他将它吐出来。他大声对牧师说，“但愿你没有犯某个错误；但愿你没有把主父给我；他是如此坚固不化，根本无法吞下。”

4 一位著名将军当时在莫斯科履职，到巴黎来疗伤，随身携带着

① 阿威罗伊(Averroes，原名 Ibn Rushd，1126—1198 年)，西班牙人，多才多艺的医生、法学家和哲学家。在哲学上，他大量研究和注释亚里士多德著作，在很大程度上恢复被柏拉图主义歪曲的亚里士多德哲学；他坚定捍卫哲学的自主性，使哲学摆脱宗教束缚而独立发展。1195 年，伊斯兰教神学家指控他是异端；1277 年，基督教神学家谴责他的许多观点。——译者

② 真在论(real presence)，天主教神学的圣事学说之一。按照这个学说，耶稣的肉体、血液、灵魂和神性真实存在于经过弥撒祝圣的饼和酒中。新教各派对这个学说没有统一的看法，其中多数教派认为，饼和酒只是耶稣的肉体和血液的象征，耶稣自己并不真实存在于其中。——译者

③ “一切”，AWC 版为“几乎一切”，TLB 版为“一切”。——译者

一位他俘虏的年轻土耳其人。某些索邦的博士[1](他们像君士坦丁堡的僧侣[2]一样完全是独断的)认为这个可怜的土耳其人将会 68
因为缺乏教导而被罚入地狱是一件令人遗憾的事,恳求穆斯塔法[3]转变为基督徒很艰难,为了鼓励他,向他许诺今世有大量美酒、来世有乐园。这些诱惑是太强大而不能抵御,因此,在接受良好的教导和问答法学习之后,他最终同意接受洗礼和圣餐的仪式。[4] 然而,牧师为了使每件事情稳妥牢靠,仍然继续他的教导;次日他从一个平常问题开始[5]:“有多少个神?”“一个也没有”,本尼狄克特回答,因为这是他的新名字。“怎么! 一个也没有!”牧师叫起来。“当然,”这个诚实的改宗者说。“你一直告诉我只有一个神;而昨天我吃了他。”

5 这些就是我们的教友天主教徒们的教义。但是这些教义我们是如此习惯,以致我们对它们从来不感到惊奇,虽然在未来时代要使某些民族相信任何一个直立行走的人类创造物竟然能够接受这样的原则在概然性上将会变得困难。而且这种概然性是一千比一,但是这些民族自身在他们自己的信条中应

---

① 索邦,意指巴黎大学神学院;索邦的博士,意指巴黎大学神学院的教授。——译者

② 君士坦丁堡的僧侣,意指君士坦丁堡的一些通过烈酒和鸦片来提神和促进宗教虔诚的伊斯兰教徒。——译者

③ 穆斯塔法(Mustapha),伊斯兰教徒的常见教名,这里指这位年轻的土耳其人。——译者

④ 由此开始至本段结束的文字,《休谟哲学著作集》编排为单独一段,AWC 版和 TLB 版编排为紧接前面而没有分段。根据上下文的联系,这里遵从 AWC 版和 TLB 版的编排而没有分段。——译者

⑤ “开始”,AWC 版为“开始他的问答法教学”,TLB 版为“开始”。——译者

当有他们将会给予最绝对无疑和最有宗教性的同意的十分荒谬的东西。

6 我曾经在巴黎与一位突尼斯大使下榻于同一座旅馆，这位大使在伦敦度过多年，正经由此路回国。有一天我看到他的摩尔人的优点促使他亲自在门廊下检查一路乘驾而来的高大马车，当时碰巧有几个卡普秦修士[①]经过那里，这些修士从来没有见过土耳其人，同样这位大使自己虽已习惯欧洲人的服饰，却从来没有见过卡普秦修士的奇形怪状的装扮；而他们丝毫没有表露他们互相激发出来的相互钦敬。如果这位大使的牧师参与同这些法兰西斯会士的争论，他们的相互惊奇就属于同一种性质。以这样一种方式，整个人类就保持互相凝视，而毫不给他们的头脑灌输[②]：非洲人的头巾不像欧洲人的斗篷那样正是好时尚或坏时尚。萨利王子[③]谈到德·鲁伊特[④]时说，"他是一个非常诚实的人，遗憾的是他是一

① 卡普秦修士(Capuchins)，亦译作嘉布遣修士，是意大利人玛窦·巴西(Matteo-da Bassi，1495—1552 年)创立的法兰西斯会一支。他们的穿着与圣法兰西斯相同，身披大兜帽斗篷。——译者

② "给他们的头脑灌输"，AWC 版为"使他们的头脑产生"，TLB 版为"给他们的头脑灌输"。——译者

③ 萨利王子(the Prince of Sallee)，即 17 世纪摩洛哥苏丹的封臣悉第·阿里·本·穆罕默德·本·穆沙(Sidi Ali ben Mohammed ben Moussa)。——译者

④ 德·鲁伊特(de Ruyter，1607—1676 年)，荷兰历史上最著名的将军。他出生于啤酒搬运工家庭，大约十一岁时成为水手；十五岁时成为步兵并参加莫里斯领导的反对西班牙人的战争；后来加入荷兰商队；参加并领导 17 世纪三次英荷战争中的荷兰军队。他一生功勋卓著，把水手的地位从唯利是图的乌合之众提升为受人尊敬的秩序井然的组织，把荷兰皇家海军塑造成现代的国家武装，是荷兰共和国建立初期保卫其独立和主权的关键人物，深受人民的爱戴。——译者

个基督徒。”[1]

7 你们怎么能崇拜韭葱和洋葱呢？我们将假设一个索邦主义者[2]对一个塞易斯[3]牧师说。后者回答，如果我们崇拜它们，至少我们不同时吃它们。但是那位有学问的博士说，猫和猴是多么奇怪的崇拜对象啊？他的学问毫不逊色的对手回答，它们至少像殉道者的遗骸或腐骨一样好。那位天主教徒坚持说，你们不是为了优先选择卷心菜或黄瓜而疯狂到割断另一个人的喉咙吗？这位异 69

① 这句话有一个典故。AWC 版援引布洛克《德·鲁伊特将军传》中的叙述(Petrus J. Blok, *Life of Admiral de Ruyter*, translated by G. J. Renier, London: Ernest-Benn, 1933. P. 27.)予以说明，见 AWC 版第 69 页注 2。TLB 版首先引述布洛克《德·鲁伊特将军传》中的故事(Petrus J. Blok, *Life of Admiral de Ruyter*, pp. 26—28.)加以介绍，然后援引布兰特《德·鲁伊特将军传》中的叙述(Gerard Brandt, *La Vie de Michel de Ruiter*, Amsterdam, 1698. pp. 12—13.)说明它可能是休谟的引语的来源，见 TLB 版第 152 页注 68.31。为了便于读者理解，这里根据 AWC 版和 TLB 版的注释将这个故事转述如下：1641 年，德·鲁伊特的商船停靠于摩洛哥，他深入内陆推销他的商品。萨利王子悉第·阿里·本·穆罕默德·本·穆沙想买其中一块布，但是他的出价远低于这块布的实际价值。德·鲁伊特不同意，悉第·阿里就变得非常愤怒，威胁他将不再讲礼仪而没收他的布。德·鲁伊特于是宁愿把这块布作为礼物送给他。悉第·阿里质问：什么！你有权赠送你的主人的货物，却无权按照我的出价将它们卖给我？德·鲁伊特回答，如果我以低于它的价值的价格来卖它，我就会对我的主人不义；但如果我把它送给你，他们将会知道，我这样做是因为担心更坏的结果。悉第·阿里进一步威胁说，我能逮捕你和扣留你的船及船上的所有货物。德·鲁伊特回答，我清楚地知道这一点，但是那样我的同胞和其他商人就会不再相信这个国家的人民。悉第·阿里继续坚持威胁，德·鲁伊特发脾气对他说，如果我登上我的船，你就无法再这样威胁我。悉第·阿里非常愤怒地走开，但是他离开时对他的随从说，真遗憾，这样一个人是一个基督徒。后来他又回来赞扬说，德·鲁伊特的诚实和坚定应当成为每个人的榜样。——译者

② 索邦主义者(Sorbonnist)，意指索邦的博士或巴黎大学神学院的教授。——译者

③ 塞易斯(Sais)，现为 Sa el-Hagar，古代埃及尼罗河三角洲的一个历史悠久的城市，埃及第二十四王朝和第二十六王朝的首都，其居民主要崇拜女神内特(Neith)，也崇拜一些动物和植物。——译者

教徒说，是的，我承认这一点，倘若你们将承认那些[①]为了在价值上一万卷也抵不上一棵卷心菜或一根黄瓜的诡辩术著作中做出优先选择而战斗的人是更疯狂的。[②]

8 每个旁观者将会容易判断（然而不幸的是旁观者很少），如果对确立任何通俗体系来说必不可少的东西惟有暴露其他体系的荒谬，那么每种迷信的每个信徒都能为他对他曾经被教导的那些原则的盲目固执的依恋给出充分理由。但是无须一种非常广泛的知识来为这种确信奠定基础（而且没有这种知识或许更好），人类中

① “那些”，AWC版为“所有那些”，TLB版为“那些”。——译者

② 奇怪的是，埃及人的宗教虽然是非常荒谬的，但却应当与犹太人的宗教有着非常大的相似性，以致古代的作家们、甚至那些具有最伟大天才的作家们都没有能力观察到它们之间的任何差异。因为可以注意到，塔西佗和苏埃托尼乌斯两人，当他们提到提比留统治时期元老院的那个将埃及人和犹太人改宗者逐出罗马的法令时，明确地把这些宗教当作同一种宗教：而且看来甚至那个法令本身也是基于这个假定。“Actum et de sacris Egyptiis, Judaicisque pellendis; factumque patrum consultum, ut quatuor millia libertini generis *ea superstitione* infecta quis idonea aetas, in insulam Sardiniam Veherentur, coercendis illic latrociniis; et si ob gravitatem coeli interissent, *vile dam-num*: Ceteri cederent Italia, nisi certam ante diem profanes ritus exuissent.” Tacit. Ann. lib. ii. c. 85. [“另一个争论涉及禁止埃及人和犹太人的仪式。元老院的法令规定，把四千名沾染**这种迷信**的成年的被释奴隶后裔用船送到撒丁岛去执行清剿盗匪的任务。如果他们因为当地不利于健康的气候而死亡，那么**这个损失是很小的**。其他信奉异教的人，如果到规定的日期不声明放弃他们的那种不敬的仪式，他们就不能再留在意大利。”塔西佗：《编年史》卷Ⅱ，第85章；参见汉译本，王以铸、崔妙因译，商务印书馆1981年版，第131页。]“Externas caeremonias, Egyptios, Judaicosque ritus compescuit; coac-tus qui *superstitione ea* tenebantur, religiosas vestes cum instrumento omni comburere”, &c. Sueton. Tiber. c. 36. [“他废止外来的崇拜仪式，尤其是埃及人和犹太人的崇拜仪式，强迫所有爱好**这种迷信**的人焚烧他们的宗教法衣和随身用具”，等等。苏埃托尼乌斯：《提比略传》，第36章；参见《罗马十二帝王传》，张竹明、王乃新、蒋平等译，商务印书馆1995年版，第133页。]这些聪明的异教徒在观察到这两种宗教的总体气象、特征和精神是同一种时，就将它们的教义的差异看作太琐屑而不值得任何关注的。

就已经并不缺乏宗教热忱和信仰的充分储备。西西里的狄奥多罗斯[①]为这个意图提供一个显著事例，他自己就是这个事例的目击者。当埃及笼罩在那个罗马人名字的最严重恐怖[②]之下时，一名军团士兵无意中犯下杀死一只猫这种渎圣的不虔敬，整个民族对他升起极大的狂怒；国王竭尽全力也没能挽救他。我相信，罗马的元老院和人民那时对他们的国家的神不会如此体贴。在那个时间之后不久，他们就非常坦率地投票决定奥古斯都在天庭有一个位置，而且他们会为了他而废黜天堂中的每个神，倘若他似乎想要那个位置的话。贺拉斯[③]说，Praesens divus habebitur Augustus[④]。这是一个非常重要的观点，在其他民族和其他时代这同一个因素也没有被视为完全漠不相关的。[⑤]

① Lib. i.［西西里的狄奥多罗斯：《历史丛书》卷Ⅰ，第 83 章，第 8—9 节。］

② 那个罗马人名字的最严重恐怖，意指盖尤斯·尤利乌斯·恺撒在公元前 48—前 47 年对埃及的征服和统治。——译者

③ 贺拉斯（Horace，公元前 65—前 8 年），罗马共和国末期和帝国初期的抒情诗人和批评家，其主要作品有《颂诗》和《诗艺》等。——译者

④ 这个拉丁文句子意为："奥古斯都应当被尊封为尘世的神。"语出贺拉斯：《颂诗》卷Ⅲ，第 5 首，第 2—3 行。——译者

⑤ 当路易十四［Louis the ⅩⅣ th，1638—1715 年，法国波旁王朝国王和纳瓦拉国王，1643—1715 年在位］亲自保护耶稣会士的克莱蒙中学［Jesuits'College of Cler-mont，1563 年由耶稣会士创办，1682 年由于路易十四的参观和赞助而获得政府的承认和肯定，学校被授予"路易大帝的中学"（Collège de Louis le Grand）的名称。后来随着法国历史的动荡，它多次改名，1873 年定名为"路易大帝中学（lycée Louis le Grand）"并延续至今］时，该会命令把国王的盾形徽章挂到他们的大门上，并取下十字架以便为它腾出地方，这引起下面这句诙谐诗：

Sustulit hinc Christi，posuitque insignia Regis：
Impia gens，alium nescit habere Deum.
［由此他们取下基督的标志，挂上国王的徽章，
不虔敬的民族，不能承认任何其他神。］

9 图利[①]说[②]，尽管我们的神圣宗教崇高庄严，然而没有什么罪 70
行是比渎圣令我们更常见的；但是我们曾经听说埃及人冒犯猫、朱鹭或鳄鱼的神庙吗？同一位作者在另一个地方说[③]，没有什么痛苦埃及人不能忍受，只有对朱鹭、蝰蛇、猫、狗或鳄鱼的伤害。因此，德莱顿[④]观察到的东西严格说来是真的，

> “无论他们的神出身于什么，
> 牲畜、石头或其他平常的动物谱系，
> 在他的保护下他的仆人们大胆无畏，
> 好像他是从金箔中诞生出来。”
>
> ——亚伯撒伦和亚契托费尔。[⑤]

不但如此，神由以构成的材料愈低贱，他在其受益惑的信徒胸中可能激起的虔诚就愈巨大。当他们因为他的缘故而勇敢面对他的敌人的一切嘲笑和侮辱时，他们就对他们的羞耻感到欣喜若狂，并以他们的神而自我夸耀。一万个十字军骑士报名参加举着圣旗的军队，甚至公开欢呼他们的宗教的那些被他们的对手视为最受谴责的部分。

---

① 图利(Tully)，拉丁文全名为 Marcus Tullius Cicero，汉译为马尔库斯·图利乌斯·西塞罗，公元前 106—前 43 年，古罗马政治家、法学家、文学家和哲学家。——译者

② De nat. Deor. lib. i.［西塞罗：《论神的本性》卷Ⅰ，第 29 章，第 81—82 节。］

③ Tusc. quaest. lib. v.［西塞罗：《图斯库卢姆谈话录》卷Ⅴ，第 27 章，第 78 节。］

④ 德莱顿(John Dryden，1631—1700 年)，英国诗人、剧作家、文学批评家和翻译家。——译者

⑤ 德莱顿：“亚伯撒伦和亚契托费尔”(Absalom and Achitophel)，第 100—103 行。

10　我承认，埃及的神学体系中出现一个困难，因为实际上这类体系[①]很少是完全没有困难的。显然，按照猫的繁殖方法，一对猫在五十年中就会供给一整个王国；如果那种宗教崇敬仍然被给予它们，那么再过二十年就会不仅在埃及见到神比见到人更容易（佩特罗尼乌斯[②]说这是意大利某些地区的情形），而且那些神必定最终完全饿死人，而让它们自己既非祭司、亦非信徒存活下来。因此，具有概然性的是，这个智慧的民族，这个在古代以实践智慧和健全政策最著名的民族，预见到这样危险的后果，就保留他们对发育成熟的神的全部崇拜，而毫无顾忌或懊悔地运用溺死圣胎或幼小吸乳的神的自由。以这样一种方式歪曲宗教信条以便为现世利益服务的做法，决不应当被视为这些后来时代的发明。

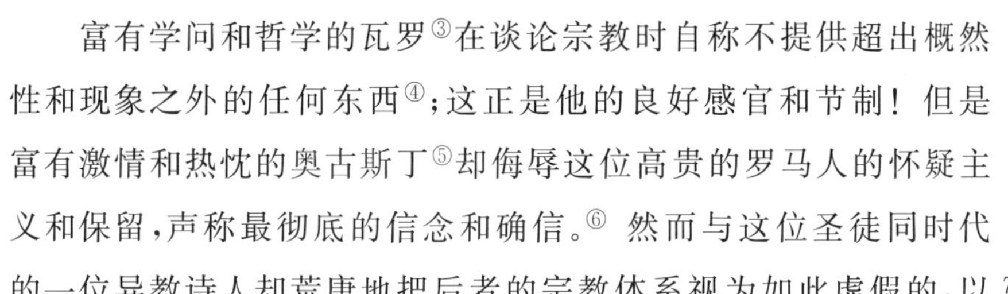

11　富有学问和哲学的瓦罗[③]在谈论宗教时自称不提供超出概然性和现象之外的任何东西[④]；这正是他的良好感官和节制！但是富有激情和热忱的奥古斯丁[⑤]却侮辱这位高贵的罗马人的怀疑主义和保留，声称最彻底的信念和确信。[⑥] 然而与这位圣徒同时代的一位异教诗人却荒唐地把后者的宗教体系视为如此虚假的，以 71

① “这类体系”，AWC 版为“体系”，TLB 版为“这类体系”。——译者

② 佩特罗尼乌斯（Petronius，公元 27—66 年），古罗马抒情诗人和小说家。——译者

③ 瓦罗（Varro，公元前 116—前 27 年），古罗马最伟大的学者和有名望的讽刺作家。——译者

④ 瓦罗：《论拉丁语言》卷Ⅴ，第 10 章，第 57—74 节。——译者

⑤ 奥古斯丁（Augustine，354—430 年），罗马帝国时代的基督教神学家和教父哲学家，其主要著作有《忏悔录》《论三位一体》《上帝之城》和《论自由意志》等。——译者

⑥ De civitate Dei，lib. vii. cap. 17.［《上帝之城》卷Ⅶ，第 17 章；参见汉译本，王晓朝译，人民出版社 2006 年版，第 283—284 页。］

致他说甚至孩子们的轻信都不能使他们相信它。[①]

12 当误解是如此常见的时,发现每个人都是武断的和独断的,热忱经常与错误成正比例出现,乃是奇怪的。[②] 斯巴提阿努斯[③]说,Moverunt et ea tempestate Judaei bellum quod vetabantur mutilare genitalia。[④]

13 如果竟然存在公共宗教失去其对人类的全部权威的民族或时代,那么我们可以期望,在西塞罗主义时代[⑤]的罗马,不信神将会公开建立起它的御座,西塞罗自己在每一次演说和每一个行动中将会是其最公开宣称的教唆者。但是看来无论这位伟大人物在其著作或哲学谈话中可能采取[⑥]何种怀疑主义的自由,他在日常生活行为中却避免自然神论和亵渎的指责。甚至在他自己家中和对他高度信任的妻子特伦迪娅,他也愿意表现为虔诚的宗教主义者;留传有一封他写给她的信,在信中他认真要求她给阿波罗和埃斯

① Claudii Rutilii Numitiani iter,lib. ii. 1. 386.[克劳迪乌斯·鲁提利乌斯·努迷提阿努斯(Claudius Rutilius Numitianus,5世纪拉丁诗人):《返回高卢的旅程》卷Ⅱ,第386行及以下。]

② 这句话在AWC版和TLB版中以疑问句的形式出现:当误解是如此常见的时,发现每个人都是武断的和独断的是奇怪的吗?热忱经常与错误成正比例出现是奇怪的吗?——译者

③ 斯巴提阿努斯(Spartianus,公元3—4世纪),罗马帝国的历史学家和传记作家,主要作品有《哈德良传》等。——译者

④ In vita Adriani.[斯巴提阿努斯:《哈德良传》卷ⅩⅣ。这个拉丁文句子意为:"也正是在这个时间犹太人发动战争,因为他们被禁止实行割礼。"]

⑤ 西塞罗主义时代,亦即罗马文学的西塞罗主义时代,意指与西塞罗成年时期和罗马共和国末年大致相当的时期,时间大约从公元前70年到公元前30年;这个时期的作家主要有西塞罗、卢克莱修、撒路斯提乌斯和瓦罗等。——译者

⑥ "采取",AWC版为"使用",TLB版为"采取"。——译者

枯拉皮乌斯献祭，以感激他们恢复他的健康。[①]

14　庞培的虔诚更真诚得多；他在内战期间的一切行为中都非常注重占卜、梦兆和预言。[②] 奥古斯都受到每一种迷信的影响。正如弥尔顿记录说，他的诗歌天才在春天从来没有容易地和充沛地流淌过，同样奥古斯都观察到，他自己的梦兆天才在春天从来没有像在一年的其他季节中那样完善和那样值得信赖。这位伟大而有才能的皇帝，当他碰巧换鞋而把右脚鞋穿到左脚上时，也是极度不安的。[③] 简而言之，不能怀疑的是，古代既定迷信的信徒在每一个状态中都像现代宗教的信徒在当前一样是人数众多的。它的影响是一样普遍的，虽然这种影响不是非常巨大的。因为许多人对它表示同意，虽然这种同意在表面看来不是非常强烈、准确和肯定的。

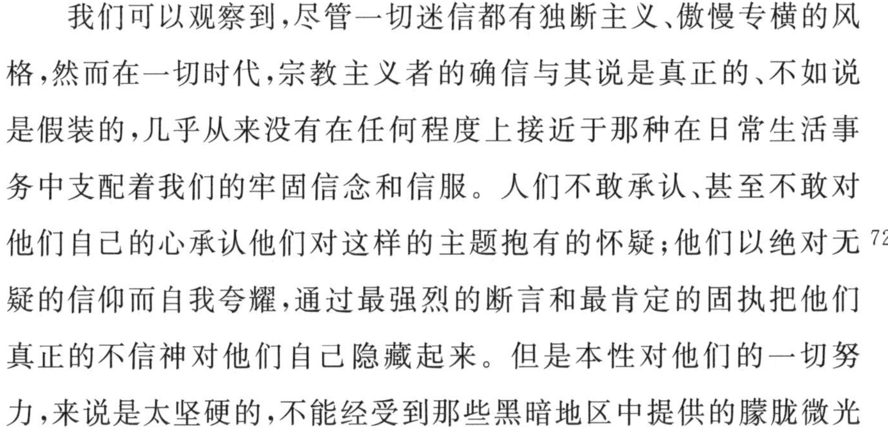

15　我们可以观察到，尽管一切迷信都有独断主义、傲慢专横的风格，然而在一切时代，宗教主义者的确信与其说是真正的、不如说是假装的，几乎从来没有在任何程度上接近于那种在日常生活事务中支配着我们的牢固信念和信服。人们不敢承认、甚至不敢对他们自己的心承认他们对这样的主题抱有的怀疑；他们以绝对无 72
疑的信仰而自我夸耀，通过最强烈的断言和最肯定的固执把他们真正的不信神对他们自己隐藏起来。但是本性对他们的一切努力，来说是太坚硬的，不能经受到那些黑暗地区中提供的朦胧微光

---

① Lib. xiv. epist. 7.［《致友人书简》卷XIV，第 7 简。］

② Cicero de Divin. lib. ii_c. 24.［西塞罗：《论预测》卷Ⅱ，第 9 章，第 24 节。］

③ sueton. Aug. cap. 90，91，92. Plin. lib. ii. cap. 7.［苏埃托尼乌斯：《奥古斯都传》，第 90、91、92 章；参见《罗马十二帝王传》张竹明、王乃新、蒋平等译，商务印书馆 1995 年版，第 100—101 页。普林尼：《自然史》，卷Ⅱ，第 7 章。］

来等同于通过共同感官和通过经验形成的强烈印象。人们的行为的通常过程证明他们的话语是假的，并且表明他们在这些问题上的同意是他们的心灵处于不信和确信之间、但更接近于前者而非后者的某种不可说明的活动。

16 因此，既然人的心灵看起来具有如此松散和不稳定的质地[1]，以致甚至在目前当如此众多的人发现有兴趣对它不断雕凿时，他们仍然不能给神学信条刻出任何经久的印记，那么在古代当从事这项神圣职责的人们相比较而言更少得多时，其情形必定何等更是如此！[2] 毫不奇怪，现象在那些时期是非常不一致的，人们在某些场合可能看起来是坚定的不信神者和既定宗教的敌人，而并非实际就是如此，或至少并非在那个方面知道他们自己的心灵。

17 使古代宗教比现代宗教更松散得多的另一个原因是，前者是**传说的**，后者是**经文的**；在前者中传说是复杂的、矛盾的和在许多场合下可疑的，因此，它不可能被还原为任何标准和法规，或提供任何明确的信仰条款。诸神的故事就像天主教的传奇一样不可胜数，虽然几乎每个人都相信这些故事的一部分，然而没有一个人能够相信或知道其整体；同时，所有人必须承认，没有一部分比其余部分立于更好的基础。不同的城邦和民族的传说在许多场合下也是截然对立的，没有任何理由能够被分派[3]来说明为什么优先选择一个而非另一个。而且由于对哪个传说绝不是独断的有着无限

① “质地”，AWC 版为“构造组织”，TLB 版为“质地”。——译者

② “那么在古代……其情形必定何等更是如此！”AWC 版和 TLB 版为“那么在古代……其情形必定何等更是如此？”——译者

③ “分派”，AWC 版为“找出”，TLB 版为“分派”。——译者

数量的故事，从最根本的信仰条款到那些松散的和不稳定的虚构的等级分别就是不可觉察的。因此，异教徒的宗教，无论人们什么时候接近它和一片片考察它，就似乎像云一样消失不见。它决不能通过任何确定的教条和原则得到确断。虽然这没有把一般人类从如此荒谬的信仰转变过来，因为人们什么时候会是理性的呢？然而它却使人们在坚持他们的原则时变得更加迟疑和犹豫，甚至容易在心灵的一定气质中产生某些具有坚定的不信神的表现的做 73
法和意见。

18　对此我们可以补充说，异教徒的宗教的寓言本身是明快的、舒适的和亲切的，没有魔鬼或硫磺海或任何能够令想象力感到非常恐怖的对象。当想到马尔斯和维纳斯的爱情或朱庇特和潘恩的恋爱嬉戏时，谁能忍得住微笑呢？在这方面，异教徒的宗教是一种真正诗意的宗教，倘若它没有对较严肃的诗而言太多的轻浮的话。我们发现这一直被现代游吟诗人所采纳，这些游吟诗人谈论他们视为虚构的神也没有比古代人谈论他们虔诚信仰的真正对象采取更大的自由和不崇敬的态度。

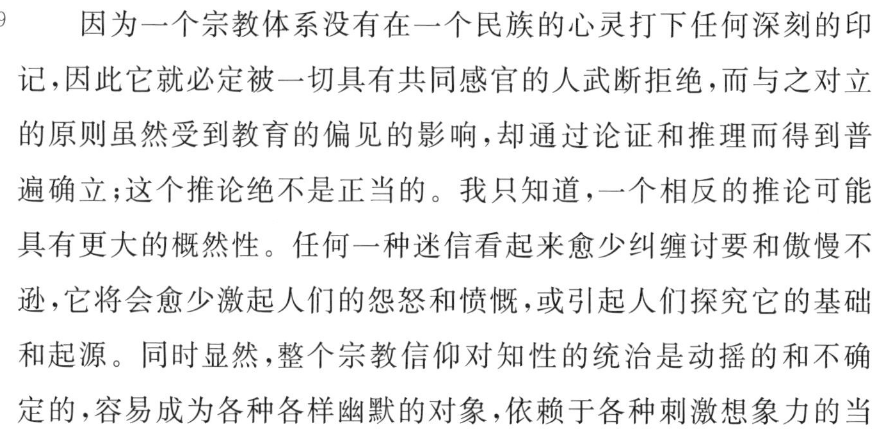

19　因为一个宗教体系没有在一个民族的心灵打下任何深刻的印记，因此它就必定被一切具有共同感官的人武断拒绝，而与之对立的原则虽然受到教育的偏见的影响，却通过论证和推理而得到普遍确立；这个推论绝不是正当的。我只知道，一个相反的推论可能具有更大的概然性。任何一种迷信看起来愈少纠缠讨要和傲慢不逊，它将会愈少激起人们的怨怒和愤慨，或引起人们探究它的基础和起源。同时显然，整个宗教信仰对知性的统治是动摇的和不确定的，容易成为各种各样幽默的对象，依赖于各种刺激想象力的当

前偶因。差异只在于程度。古代人会交替运用不虔敬的笔调和迷信的笔调来贯穿整个论述①；现代人则经常以同一种方式来思想，虽然他可能在表达上更谨慎。

20　琉善明确告诉我们②，无论谁不相信异教的最荒唐的寓言，他就被人民视为亵渎的和不虔敬的。如果这种国家宗教没有被他的同胞和同时代的人们普遍相信，这位令人愉快的作者运用他的机智和讽刺的整个力量来反对这种宗教，真正为了什么目的呢？

21　李维③像任何一位牧师现在将会坦率承认的一样坦率承认他的时代的常见的不轻信；但是随后他又像任何一位牧师现在将会严厉谴责的一样严厉谴责这种不轻信。谁能想象一种能够迷惑如 74
此灵巧的④人的国家迷信不会也赢得人民大众呢？

---

① 看看塔西佗的这个著名段落：Praeter multiplices rerum humanarum castts, coelo terraque prodigia, et fulminum monitus, et futurorum praesagia, laeta, tristia, ambigua, manifesta. Nec enim unquam atrocioribus populi Roma ni cladibus, magisque justisjudiciis approbatum est, non esse curae Diis securitatem nostram, esse ultionem. Hist. lib. i.［人类除了受到各种各样不幸的打击，还看到天上和地上出现一些怪诞的事物，听到雷声的警示，以及对未来的各种欢乐的和阴郁的、模糊的和清楚的预言。罗马人民遭受的可怕灾难或不容怀疑的征兆最充分地证明，诸神不关心我们的安全，只关心对我们的惩罚。《历史》卷1，第3章；参见汉译本，王以铸、崔妙因译，商务印书馆1981年版，第4页。］奥古斯都与尼普顿的争执是同一个类型的事例。如果这位皇帝不相信尼普顿是一个真实的存在者并统治着海洋，那么他的愤怒的基础何在？如果他相信，那么更进一步激怒这位神又是何等疯狂？对昆体良［Quintilian，约35—100年，罗马帝国时代的著名律师、修辞学家和教育家，其主要著作有《演说术的准则》等］在 lib. vi. Praef［《演说术的准则》卷Ⅵ，序言］中对他的孩子的死亡的哀叹可以做出同样的观察。

② Philopsetldes.［琉善：《爱说谎的人》3。］

③ Lib. x. cap。40.［李维（Livy，公元前59—公元17年，古罗马历史学家，其主要著作有《罗马史》等）：《罗马史》卷Ⅹ，第40章。］

④ “灵巧的”，AWC版为“伟大的”，TLB版为“灵巧的”。——译者

22 斯多亚派把许多恢宏壮丽的和甚至不虔敬的形容词赋予他们的圣人：唯有圣人是富裕的、自由的、国王和相当于不死的神。他们忘记补充，圣人在实践智慧和知性方面并不高于老妪。因为无疑没有什么东西能够比这个学派对宗教事务[1]怀有的情感是更可怜的，当他们严肃地[2]赞同普通占卜：渡鸦从左边叫时，它是吉兆；乌鸦从左边聒噪时，它是凶兆。帕奈替乌斯[3]是希腊人中惟一一个甚至怀疑占卜和预测的斯多亚派。[4] 马尔库斯·安东尼乌斯[5]告诉我们[6]，他自己在睡梦中接到过神的许多警示。诚然，爱比克泰德[7]禁止我们注重乌鸦和渡鸦的语言，但是，不是它们不言说真理，而只是因为它们不能预言别的、只能预言我们的脖子的扭断或我们的财产的罚没；他说，这些是与我们毫不相关的事情。[8] 以这样的方式，斯多亚派就把哲学热情和宗教迷信结合起来。他们的

① “宗教事务”，AWC版为“一切通俗迷信”，TLB版为“宗教事务”。——译者

② “严肃地”，AWC版为“非常严肃地”，TLB版为“严肃地”。——译者

③ 帕奈替乌斯(Panaetius，约公元前185—前110年)，斯多亚派哲学家，其著作有《论义务》、《论天意》和《论预测》等。——译者

④ Cicero de Divin，Lib. i. Cap. 3. et 7. [西塞罗：《论预测》卷Ⅰ，第3章和第7章。]

⑤ 马尔库斯·安东尼乌斯(Marcus Antoninus，121—180年)，拉丁文全名为Marcus Aurelius Antoninus Augustus，汉译为马可·奥勒留，罗马帝国皇帝和斯多亚派哲学家。——译者

⑥ Lib. i. § 17. [马可·奥勒留：《沉思录》卷Ⅰ，第17节；参见汉译本，何怀宏译，三联书店2002年版，第9页。]

⑦ 爱比克泰德(Epictetus，约55—135年)，罗马帝国时代的斯多亚派哲学家，他的学生阿里安记录的他对学生的教诲和与访客的交流等情况的《爱比克泰德谈话录》和《手册》是了解他的哲学的主要源泉。——译者

⑧ Ench. § 17. [爱比克泰德：《手册》，第18章。]

心灵的力量，当完全转向道德这一边时，就放松宗教那一边。[①]

23 柏拉图[②]介绍，苏格拉底断言，对他提起的不虔敬的指控完全是因为他拒绝诸如萨图尔努斯阉割其父乌兰诺斯和朱庇特废黜萨图尔努斯那些寓言一样的寓言[③]；然而在一篇后来的对话[④]中，苏格拉底承认，灵魂有死的学说是人民的公认意见。这里有任何矛盾吗？当然有；但是矛盾不在柏拉图中，而在人民中，人民的一般的宗教原则总是由最不和谐的部分组成的，尤其是在迷信如此轻松和舒适地适合于他们的时代。[⑤]

① 我承认，斯多亚派在既定宗教方面不是相当正统的；但是人们从这些事例中可以看出，他们走过一条伟大的道路。而且这个民族无疑走过这条道路的每一程。

② Eutyphro.［柏拉图：《欧绪弗洛篇》6A－B；参见《柏拉图全集》第一卷，王晓朝译，人民出版社2002年版，第237—238页。］

③ 这里，萨图尔努斯即克洛诺斯，朱庇特即宙斯。按照希腊神话学和传说，克洛诺斯是天神乌兰诺斯和地神该亚之子，他按照母亲的计划勇敢地阉割父亲并成为众神之王；宙斯是克洛诺斯和妻子瑞亚之子，长大后又推翻克洛诺斯的统治。参见赫西俄德：《神谱》，156—182、460—507；《工作与时日神谱》，张竹明、蒋平译，商务印书馆1991年版，第31—32、40—41页。——译者

④ Phaedo.［柏拉图：《斐多篇》64A、65A和68B；参见《柏拉图全集》第一卷，王晓朝译，人民出版社2002年版，第60、62和65—66页。就写作时间而论，《欧绪弗洛篇》属于柏拉图早期对话，《斐多篇》属于柏拉图中期对话，故而休谟把后者称为一篇“后来的”对话。但是《斐多篇》描写的是苏格拉底服毒以前的情况，它与柏拉图早期对话《申辩篇》和《克里托篇》在时间上和内容上有很大关联，因此，在前引《柏拉图全集》第一卷中，《斐多篇》在编排次序上紧接着《申辩篇》和《克里托篇》而先于《欧绪弗洛篇》。参见王晓朝“中译者导言”中的有关介绍，尤其第30—31页。］

⑤ 色诺芬的行为，正如他自己叙述的，直接就是那些时代人类的一般轻信和一切时代人们在宗教问题上的意见不一贯的无可争辩的证明。这位伟大的指挥官和哲学家，苏格拉底的门徒，表达过某种对神的最精致的情感的人，对凡俗的、异教徒的迷信做出如下全部记录。根据苏格拉底的建议，他在参与居鲁士的远征之前请教德尔斐的神谕。De Exped. lib. iii. p. 294. ex edit. Leunclavii.［色诺芬：《长征记》卷三，第294页。引自Leunclavius版。参见汉译本，崔金戎译，商务印书馆1997年版，第61页。］参见将

24 西塞罗在他自己的家庭中假装表现为一个虔诚的宗教主义者，同一个西塞罗在公共的裁判庭中毫无顾忌把来世状态的学说 75

(接上页)军们被俘虏之后那个夜晚的一个梦，他非常重视那个梦，但认为它有多重含义。Id. p. 295.[同前书，第 295 节；参见汉译本，第 61—62 页。]他和整个军队把打喷嚏视为非常吉祥的预兆。Id. p. 300.[同前书，第 300 页；参见汉译本，第 68 页。]当他来到肯特里特河时，他有另一个梦，他的同僚将军客里索甫斯也很重视它。Id. lib. iv. p. 323.[同前书，卷Ⅳ，第 323 页；参见汉译本，第 93 页。]这些希腊人在遭受一场寒冷的北风时向风献祭，这位历史学家观察到，风立刻减弱。Id. p. 329.[同前书，第 329 页；参见汉译本，第 99 页。]色诺芬自己在建立殖民地问题上形成任何决定之前，他秘密向神献祭请求指点。Id. lib. v. p. 359.[同前书，卷Ⅴ，第 359 页；参见汉译本，第 131 页。]他自己是一个非常熟练的占卜师。Id. p. 361.[同前书，第 361 页；参见汉译本，第 133 页。]他向神献祭得到指点而拒绝单独指挥分派给他的那支军队。Id. lib. vi. p. 372.[同前书，卷Ⅵ，第 372 页；参见汉译本，第 145—146 页。]克里安德这位斯巴达人虽然十分想要这个单独指挥权，但因为这同一个理由而拒绝它。Id. p. 392.[同前书，第 392 页；参见汉译本，第 166—167 页。]色诺芬提到他最初加入居鲁士远征时的一个旧梦和别人给他做出的解释。Id. p. 373.[同前书，第 373 页；参见汉译本，第 146 页。]他也提到赫尔库勒斯下黄泉之地，而且相信它，并说它的痕迹仍然保存着。Id. p. 375.[同前书，第 375 页；参见汉译本，第 148 页。]他几乎饿死这支军队，而不是违背预兆将他们带到战场。Id. p. 382, 383.[同前书，第 382、383 页；参见汉译本，第 155—157 页。]他的朋友攸克里德斯这位占卜师不愿相信他没有从远征中带回任何钱财；直到他(攸克里德斯)献祭，那时他在牺牲的内脏中才看清楚这位老师。Lib. vii. p. 425.[同前书，卷 VII，第 425 页；参见汉译本，第 204 页。]这同一位哲学家在提出扩大银矿以增加雅典的收入的计划时，建议他们先请教神谕。De Rat. Red. p. 932.["方式和手段"，第 932 页；参见《经济论、雅典的收入》，张伯健、陆大年译，商务印书馆 1961 年版，关于扩大银矿的计划在第 70—77 页，尤其第 72—73 页，关于请教神谕在第 79—80 页。]这种虔诚全都不是一种闹剧、以便为政治目的服务，这不仅从上述事实本身，而且从那个时代通过伪善几乎或根本不能得到任何东西的特征可以看出。除此之外，从其《回忆苏格拉底》可以看出，色诺芬是那个时代热心政治的人决不会是的一种异端。正是因为这同一个理由，我坚持认为，牛顿、洛克、克拉克以及其他阿里乌派或苏西尼派[1]在他们宣称的信条方面是非常真诚的；我总是以这个论证来反对某些将会需要拥有它的自由思想家们：这些哲学家必定是伪善者是不可能的。

[1]阿里乌派和苏西尼派是基督教中的异端，参见本书第 61 页注释①和④。严格说来，牛顿既不是阿里乌派，也不是苏西尼派，但他质疑基督教三位一体教义的正统解释，同情阿里乌派和苏西尼派对三位一体的观点；洛克被视为苏西尼派和自然神论者；克拉克被视为阿里乌派和不拘泥教义者。——译者

看作没有任何人能够给予任何关注的荒谬①寓言。② 撒路斯提乌斯③④把恺撒描绘为在元老院开会时说着同一种语言。⑤

25 但是所有这些自由并没有蕴涵人民中有一种总体的和普遍的不信神和怀疑主义,这是太明显而不能否认的。虽然国家宗教的某些部分松懈地悬挂在人们的心灵之上,但是它的其他部分更紧密地黏附于人们的心灵;表明一者并不比另一者有着更稳固的基础,正是怀疑主义哲学家的主要⑥任务。这是科塔⑦在关于**神的本性**的对话中的诡计。他把正统逐渐从人们相信的较严肃重要的故事引向人人嘲笑的较轻浮琐屑的故事、从男神引向女神、从女神引

① "荒谬",AWC 版为"最荒谬",TLB 版为"荒谬"。——译者

② Pro Cluentio,cap. 61.[西塞罗:《为克鲁恩提乌斯辩护》,第 61 章,第 171 节。]

③ 撒路斯提乌斯,Sallust,约公元前 86—前 35 年,古罗马历史学家和拉丁文体学家,其主要著作有《喀提林纳的阴谋》《朱古达战争》和《罗马史》等。——译者

④ De bello Catmn.[撒路斯提乌斯:《喀提林纳的阴谋》第 51 章,第 16—20 节;参见《喀提林阴谋朱古达战争》,王以铸、崔妙因译,商务印书馆 1996 版,第 138 页。]

⑤ 西塞罗(Tusc. Quaest. lib. i. cap. 5,6[《图斯库卢姆谈话录》卷 I,第 5 章和第 6 章])和塞涅卡(Epist. 24.[《道德书简》卷 Ⅰ,第 24 简,第 18 节])以及尤维纳利斯[Juvenal,一世纪末和二世纪初,古罗马讽刺诗人](Satyr. 2.[《讽刺诗》,第 2 首])认为,没有任何一个少年和老妪是如此荒谬,以至于相信诗人们对来世状态的说明。那么为什么卢克莱修那样高度赞扬他的老师把我们从这些恐怖中解放出来?[1]或许那个时期人类大多数都属于柏拉图作品(de Rep. lib. i.[《国家篇》卷 Ⅰ,330D—331A;参见《柏拉图全集》第二卷,王晓朝译,人民出版社 2003 年版,第 276—277 页。])中克法洛斯的性情:当他年轻而健康时,他能嘲笑这些故事;但是一旦当他变得年老而虚弱时,他就开始领悟到这些故事的真理性。这一点我们可以观察到甚至在目前也不是不寻常的。

[1]卢克莱修对伊壁鸠鲁的赞扬可见于《物性论》,方书春译,商务印书馆 1981 年版,第 3—5 页。——译者

⑥ "主要",AWC 版为"重大",TLB 版为"主要"。——译者

⑦ 科塔(Cotta,约公元前 124—前 73 年),古罗马政治家、演说家和学园派怀疑主义的支持者,擅长尖锐深刻的推理,推崇以事实为基础和避免一切离题的简单纯粹的演说风格,被西塞罗视为那个时代年轻人中最好的演说家之一。——译者

向仙女、从仙女引向幼鹿和半人半羊[①]来反驳整个神话学体系。他的老师卡尼阿德斯[②]运用过同一种推理方法。[③]

26 总体说来，**传说的、神话学的**宗教和**系统的、经院的**宗教之间
最大的和最可观察的差异有两个：前者经常是更合理的，因为它只 76
是由众多不论多么没有根据都不蕴涵任何明确的荒谬和论证矛盾的故事组成的；它也如此轻易和轻巧地坐落于人们的心灵之上，以致虽然它可能普遍被接受，但是它幸运地[④]没有在感情和知性上留下非常深刻的印记。

① 半人半羊(satyrs)，亦译作萨提洛斯，希腊神话学中最低级的森林神灵和司掌丰收的神灵。在早期，它们通常被描绘为半人半羊的形状，长着山羊耳，拖着山羊尾，生性懒惰而淫荡，喜爱游戏和跳舞；在古典时期，它们的形象中的动物特征开始消失。——译者

② 卡尼阿德斯(Carneades，公元前 214—前 128 年)，学园派怀疑主义哲学家，据说是似真推理的最早倡导者。休谟称他为科塔的老师，但是从他们两人在世生活的时间来看他们之间不可能有直接的师生关系，因而休谟的说法可能是指他们之间在哲学和推理方法上的继承关系。——译者

③ Sext。Empiric. Adve rS. Mathem. Lib. viii.［塞克斯都·恩披里珂：《反数学家》卷Ⅷ。］

④ “它幸运地”，AWC 版为“它”，TLB 版为“它幸运地”。——译者

第十三章　两种最通俗的宗教中对神的本性的不虔敬的设想 77

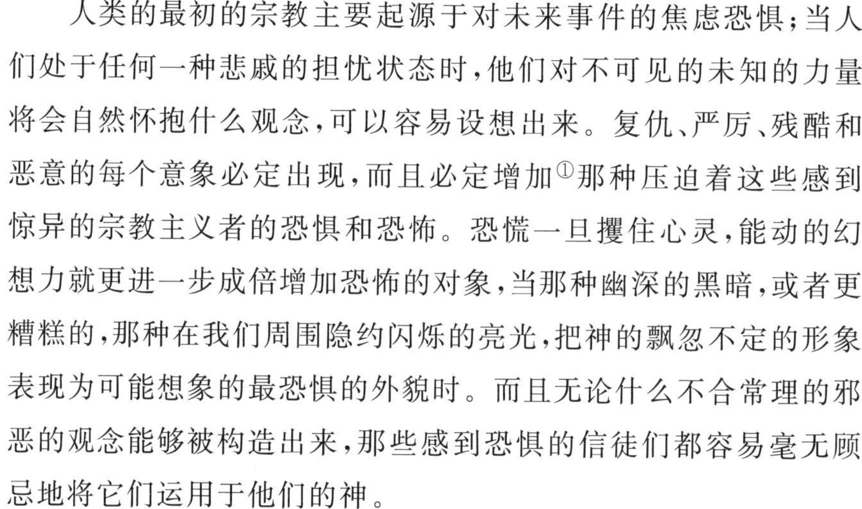

1 人类的最初的宗教主要起源于对未来事件的焦虑恐惧；当人们处于任何一种悲戚的担忧状态时，他们对不可见的未知的力量将会自然怀抱什么观念，可以容易设想出来。复仇、严厉、残酷和恶意的每个意象必定出现，而且必定增加[①]那种压迫着这些感到惊异的宗教主义者的恐惧和恐怖。恐慌一旦攫住心灵，能动的幻想力就更进一步成倍增加恐怖的对象，当那种幽深的黑暗，或者更糟糕的，那种在我们周围隐约闪烁的亮光，把神的飘忽不定的形象表现为可能想象的最恐惧的外貌时。而且无论什么不合常理的邪恶的观念能够被构造出来，那些感到恐惧的信徒们都容易毫无顾忌地将它们运用于他们的神。

2 当从一个角度进行综观时，这看来是宗教的自然状态。但是另一方面，如果我们考虑到那种在一切宗教中必然有其地位，而且是这些恐怖本身的后果的称赞和颂扬的精神，我们必定期待一种完全相反的神学体系获得胜利。每一种德性、每一种优点必定被归于神，而且无论什么夸张都不会被认为足以达到神赋有的那些完善性。无论什么类型的称颂能够被发明出来，它们立即就被接

① “必定增加”，AWC 版为“增加”，TLB 版为“必定增加”。——译者

受，而不请教任何论证或现象；它们给予我们对我们崇拜和崇敬的神性对象的更恢宏壮丽的观念，这就被视为对它们的充分确证。

3　因此，在宗教中发挥作用的人的本性的不同原则之间就存在一种矛盾。我们的自然恐怖提供一个邪恶的和恶意的神的概念；我们的谄媚[①]倾向引导我们承认一个优秀的和神性的神。这些对立的原则的影响依照人的知性的不同境况而不同。

4　在非常野蛮的和无知的民族诸如非洲人和印第安人中，不但如此，甚至在不能形成对力量和知识的广泛观念的日本人中，崇拜可能被给予他们坦承是邪恶的和可憎的存在者，虽然他们可能或许提防在公共场合或他的神庙里说出这个对他的判断[②]，他们以 78
为在那些地方他可能听见他们的指摘。

5　对神的如此粗野的、不完善的观念长期附着于一切偶像崇拜者；可以有把握地断言，希腊人自己从来没有完全摆脱它们。色诺芬[③]在称赞苏格拉底时评论说，这位哲学家不同意那种认定诸神对某些事物有知而对其他事物无知的凡俗意见；他坚持认为，诸神知道一切事物，一切行动、话语或者甚至思想。但是由于这是一种远远超出他的同胞的设想的哲学类型[④]，因此，我们不必感到惊

① “谄媚”，AWC 版为“称赞”，TLB 版为“谄媚”。——译者

② 这个对他的判断意指“他是邪恶的和可憎的”。——译者

③ Mem. lib. i.［色诺芬：《回忆苏格拉底》卷Ⅰ，第 1 章，19；参见汉译本，吴永泉译，商务印书馆 1986 年版，第 6 页。］

④ 正如我们从琉善那里得知，诸神的出现不限定于天堂，而扩展至每个地方，这在古代人中被看作是非常奇特的哲学悖论。Hermotimus sive de sectis.［琉善：《赫尔莫替穆斯：论相互竞争的哲学》，尤其参见第 81 节：“我们听见他说，诸神不是在天堂，而是遍布于每个事物——木棍、石头、野兽、直到最低级的事物。当他的母亲问他为什么说这种胡话时，他嘲笑她说：‘如果我完全学会这种‘胡话’，就没有任何东西能阻止我成为惟一的富人、惟一的国王，与我相比，其余的人就成为奴隶和渣土。’”］

奇，如果非常坦率地说，他们在他们的著作和谈话中谴责他们在他们的神庙里崇拜的神。可以观察到，希罗多德尤其在许多段落中毫无顾忌把**忌妒**归于诸神[①]，一切情感中最适合于低贱的和邪恶的本性的情感。然而，在公共崇拜中唱诵的异教赞美诗却只包含称赞的语词，甚至当归于诸神的行动是最野蛮的和最可憎的时。当提摩特乌斯[②]这位诗人向狄安娜神像朗诵赞美诗，在诗中以最伟大的颂扬列举这位残酷任性的女神的所有行动和属性时，一位在场者说，“愿你的女儿变得像你赞美的神那样”。[③]

6 但是当人们进一步提升他们对他们的神的观念时，得到改善的只是[④]他们对神的力量和知识的观念、而非他们对神的善的观念。相反，随着他们认定的神的科学和权威的范围的增大，他们的恐怖就自然增加，当他们相信，没有保密能力能够把他们隐藏起来而不受神的审查，甚至他们胸膛的最隐秘的心窝都敞开在神的面前时。那时，他们必定小心谨慎而不明确形成任何谴责和责难的情感。一切必定是喝彩、陶醉和出神。当他们的忧愁的担忧使他们把人类创造物中将会受到高度谴责的行为的标准归于神时，他们必定仍然假装称赞和钦敬他们虔诚颂扬的这个对象的那种行为[⑤]。因此，可以有把握地断言，通俗[⑥]宗教在其较凡俗的信徒们

① 参见希罗多德：《历史》卷Ⅰ，第32章和卷Ⅶ，第46章；汉译本，王以铸译，商务印书馆2001年版，第15页和第487页。——译者

② 提摩特乌斯（Timotheus，约公元前446—前357年），古希腊音乐家和诗人。——译者

③ Plutarch. de Superstit。[普鲁塔克：《道德论集》“论迷信”10，170A—B。]

④ “只是”，AWC版为“经常只是”，TLB版为“只是”。——译者

⑤ “那种行为”，AWC版为“这些标准”，TLB版为“那种行为”。——译者

⑥ “通俗”，AWC版为“许多通俗”，TLB版为“通俗”。——译者

的设想中其实是一种恶魔论；神在力量和知识方面被提升得愈高，他在善和仁爱方面当然就被压抑①得愈低，无论他的感到惊异的崇拜者可能赋予他以什么称赞的辞藻。在偶像崇拜者中，语词可 79
能是虚假的和掩饰着隐秘的意见；但是在更高级的宗教主义者中，意见本身招致②一种虚假和掩饰着内心的情感。心隐秘憎恶这样一些残忍的和不可化解的复仇的标准；但是判断力只敢宣称它们是完善的和崇敬的。这种内心斗争的额外苦难加剧这些不幸的迷信牺牲品永远受其折磨的所有其他恐怖。

7 琉善③观察到，一个年轻人阅读荷马或赫西俄德作品中诸神的历史，发现他们的派系斗争、战争、不正义、乱伦、通奸以及其他不道德的事情受到非常高度的赞美，后来当他进入世界时他非常惊奇地观察到，对他曾经被教导要归于高级存在者的同一些行动，按照法要施以惩罚。某些晚近宗教提供给我们的描绘与我们对慷慨、慈悲、公正和正义的自然观念之间，矛盾或许更强大得多；随着这些宗教的恐怖的增加，对神的野蛮设想就成比例增加给我们。④

① “被压抑”，AWC 版为“时常被压抑”，TLB 版为“被压抑”。——译者

② “招致”，AWC 版为“经常招致”，TLB 版为“招致”。——译者

③ Necyomantia.［琉善：《梅尼普斯，或下冥府》3。］

④ 巴库斯，一位神性的存在者，被异教徒的神话学描绘为舞蹈和剧场的发明者。戏剧在古代甚至是最庄严穆场合下公共崇拜的一部分，经常在瘟疫期间被用来安抚那些被冒犯的神。但是它们被晚近时代虔诚信神的人热忱禁止；按照一位博学的牧师的看法，剧场是地狱的门廊。

但是为了更加明显地表明对宗教来说要以比古代人描绘的神更加不道德和更加不可亲的形象来描绘神是不可能的，我们将援引一位富有趣味和想象力的作者的一段长文，这位作者当然不是基督教的敌人。他就是作家兰姆赛爵士[1]，他拥有如此值得称赞的做正统派的倾向，以致他的理性甚至在自由思想家们最顾忌的教义如三位一体、道

(接上页)成肉身和苦行赎罪中都从来没有发现任何困难;唯有他自己似乎拥有大量蕴藏的人性才反抗天罚和预定论的教义。他自己这样表达:"如果印度哲学家或中国哲学家根据我们的现代自由思想家们和各个教派的法利赛[2]博士们给出的对我们的神圣宗教的系统说明来判断,他们将会对我们的神圣宗教具有什么奇怪的观念呢?按照这些不轻信的嘲笑者们和轻信的涂鸦者们的令人作呕的和过于**粗俗**的体系,'犹太人的神是一个极其残忍的、不正义的、好偏袒的和爱幻想的存在者。大约六千年以前,他创造一个男人和一个女人,将他们安置在亚细亚一座现已荡然无存的精致花园里。这座花园配备有各种树木、清泉和鲜花。他允许他们食用这座美丽花园里的一切果实,只有一种果实除外,那种果实生长在花园中央,含有一种令他们的身体和心灵不断保持健康和活力、提升他们的自然能力和使他们具有智慧的隐秘功效。魔鬼附人一条蛇身,诱唆这第一个女人来吃这种禁果;这个女人怂恿她的丈夫来做同样事情。为了惩罚对生命和知识的这种轻微的好奇和自然的欲求,神不仅把我们的第一对父母逐出乐园,而且判罚他们的所有后代以现世的苦难、他们的绝大多数后代以永恒的痛苦,尽管这些无辜的孩子们的灵魂与亚当的灵魂没有关系,正如它们与尼禄和穆罕默德的灵魂没有关系一样,因为按照经院玄谈家、寓言家和神话学家看来一切灵魂都被创造为纯粹的,在胚胎刚形成时就立即被注入有死的身体。为了实现预定和天罚这个野蛮不公的信条,神把一切民族都遗弃给黑暗、偶像崇拜和迷信,而没有给予任何拯救的知识或有益的恩典,除非它是他拣选为他特有的人民的一个特殊民族。然而,这个拣选的民族却是一切民族中最愚蠢、最忘恩负义、最桀骜不驯和最背信弃义的民族。在神这样使将近四千年间全部人类的绝大部分处于天罚状态之后,他突然改变,而且喜爱犹太人之外的一切其他民族。于是他把他惟一受生的儿子以人的形式派到这个世界,来平息他的愤怒,满足他的复仇正义,并为赦罪而死。然而,很少民族听到这个福音,一切其余民族虽然被遗弃在不可克服的无知状态中,却被罚入地狱,没有任何例外或任何赦免的可能性。那些听到这个福音的民族绝大多数只改变某些思辨的神的概念和某些外在的崇拜形式;因为在其他方面,大部分基督徒正如其余人类一样在他们的道德方面继续是腐败的;不但如此,他们愈违背常理和有罪行,他们就愈光彩耀目。除非它是一个非常小的拣选数目,否则所有其他基督徒就将像异教徒一样永远被罚入地狱;为他们奉献的大量牺牲就将变得落空和没有结果。神将永远对他们的折磨和亵渎感到高兴;虽然他能够通过一个**谕令**就改变他们的心,然而他们将永远保持在没有皈依和不可皈依的状态中,因为他将永远不可安抚和不可和解。诚然,这一切把神变成可憎的,变成灵魂的憎恨者,而非灵魂的热爱者,残忍复仇的暴君、无能的或愤怒的半人半神的精灵,而非全能的和仁慈的精神之父;然而,这一切都是奥秘。他有隐秘的不可看透的理由来说明他的行为;虽然他看起来是不正义的和野蛮的,然而我们必须相信正好相反,因为在我们这里是不正义、罪行、残忍和最邪恶的恶意的东西在他那里是正义、仁慈和最高的善。'因此,不轻信的自由思想家们、实行犹太化的基督徒们和主张宿命论的博士们已经丑化和羞辱我们

能够保持我们对人的行为的判断中的真正道德原则不受败坏的东 80
西没有别的、惟有这些原则对社会的卖存的绝对必要性。如果日常设想能够以一种与应当规范私人关系的伦理体系颇为不同的伦

(接上页)的神圣信仰的崇高奥秘;因此,他们已经混淆善和恶的本性,把最丑恶的激情转化为神的属性,并通过将人类中形成最骇人听闻的罪行的东西作为完善性归于神的永恒本性而在亵渎方面超过异教徒。较粗鄙的异教徒满足于把好色、乱伦和通奸赋予神;但是主张预定论的博士们把残忍、愤怒、狂怒、复仇以及一切最邪恶的恶行赋予神。”见兰姆赛爵士的《自然宗教和启示宗教的哲学原则》第Ⅱ部分,第 403 页。[3]

同一位作者在其他地方断言阿明尼乌派[4]和莫林那派[5]的方案对这个问题很少补益;而当这位作者以这种方式使自己抛弃基督宗教的一切公认教派之后,他不得不提出一个他自己的、奥利金主义[6]类型的体系,假定人和动物两者的灵魂的预先实存和一切人、动物和魔鬼的永恒救赎和转变。但是这个概念完全是他自己特有的,我们不必讨论。我认为这位灵巧的作者的意见是非常令人好奇的,但是我并不自命保证它们的正确性。

[1]兰姆赛爵士(the Chevalier Ramsay,1868—1743 年),苏格兰作家。——译者

[2]法利赛,意即隔离者,公元前二世纪至公元二世纪的一个犹太教派。他们以圣洁自居,不与一般俗人往来;宗教上维护犹太传统,严格遵守律法,注重礼仪形式,文化上反对希腊化,政治上反对罗马占领。他们因过分强调律法细节而流于形式主义,耶稣批判和谴责他们放弃律法的核心——全心全意爱神和爱人如己。——译者

[3]这部著作的全称是《依照几何学秩序而展开的自然宗教和启示宗教的哲学原则》,格拉斯哥 1748—1749 年出版。——译者

[4]阿明尼乌派,以新教神学家阿明尼乌(Jacobus Arminius,1560—1609 年,荷兰人)的名字命名的基督教派,亦称为荷兰抗议派,其具体主张始见于 1610 年的《抗辩宣言》。阿明尼乌派反对加尔文教派的得救预定论,宣扬神的权威与人的自由意志不相矛盾,人的尊严要求完全的意志自由。他们的观点在 1618—1619 年的多德雷赫特会议上受到谴责,并一度受到政治迫害,1630 年在法律上获得承认。——译者

[5]莫林那派,以天主教神学家莫林那(Luis De Molina,1535—1600 年,西班牙人)的名字命名的基督教派。莫林那主张,原罪没有削弱人的自由意志,神对人的行为的干预并不意味着一种自然起作用的预定,而只是使人按照自己的自由意志行事;人能否得救,既决定于人的自由意志,也决定于神的预定。——译者

[6]奥利金主义,古代基督教教父奥利金(Origenes,约 185—254 年,埃及人)的神学学说。奥利金认为,宇宙的秩序有三个层次:神、理性存在者和世界,其中理性存在者包括天使、魔鬼和人的灵魂。——译者

理体系来放纵君主，那么它将何等更加放纵那些其属性、观点和本性是我们如此完全未知的高级存在者？Sunt superis sua jura.[①]诸神有他们自己特有的正义准则。

① Ovid. Metam. lib. ix. 500.［奥维德：《变形记》卷Ⅸ，第500行。这个拉丁文句子的字面含义是"但是诸神对他们自己就是法"，意即"诸神自己就是自己的法"。］

第十四章　通俗宗教对道德性的不良影响 81

1 这里我不禁观察一个可能值得以人的本性为探究对象的人们注意的事实。确定无疑的是，在每种宗教中，无论它对它的神给出的语词定义是多么崇高，它的许多或许绝大多数信徒寻求神的惠爱，将仍不是通过惟独能够被完善的存在者接受的德性和良好道德，而是或者通过轻浮无聊的遵奉，通过漫无节制的热忱，通过欣喜若狂的出神，或者通过对神秘而又荒谬的意见的信念。《萨德尔》[①]和《摩西五经》[②]的极少部分是由道德性的箴规组成的，而且我们也可以[③]确信那个部分总是极少受到遵守和重视的部分。当古罗马人遭到瘟疫攻击时，他们从来没有将他们遭受的痛苦归于他们的恶行，或者梦想到悔改或改正。他们从来没有想到，他们是这个世界的总强盗，他们的野心和贪婪心使地球变得渺无人烟，使

---

① 《萨德尔》(*The Sadder*)，是琐罗阿斯特教或拜火教的重要经典，也是其教规著作。——译者

② 《摩西五经》(*The Pentateuch*)，是犹太教的重要经典，包括《创世记》《出埃及记》《利未记》《民数记》和《申命记》；它也是公元前六世纪以前唯一的希伯来律法汇编，曾经是犹太国的国家法，后来成为犹太人的习惯法。——译者

③ “也可以”，AWC 版为“可以”，TLB 版为“也可以”。——译者

富饶的民族沦为匮乏和乞讨。他们只创造一个独裁者[1]，为的是把钉子钉进门中；通过这种手段，他们认为他们就已经充分安抚他们的激怒的神。

2 在埃吉纳[2]，一个教派策划[3]一场阴谋，野蛮而奸诈地屠杀他们的七百名同胞公民，而且将他们的狂怒发挥到如此地步，以致当一名可怜的避难者逃进神庙时，他们砍断他紧抓神庙大门的双手，将他拖出那个神圣地方，立即把他杀死。希罗多德说[4]，"由于这种不虔敬（而非由于许多其他残忍的屠杀），他们冒犯诸神，招获一项不可抵赎的罪行。"

3 不但如此，如果我们想要假定（从来没有[5]发生的事情）人们发现一种通俗宗教，其中公开宣称只有道德性能够获得神的惠爱，如果牧师阶层被设立来在日常讲道中通过一切说服艺术灌输这个意见，然而人民的偏见却是如此根深蒂固，以致因为缺少某种其他迷信，他们就会把参加这些讲道本身变成宗教的基本要素，而不是把宗教的基本要素放在德性和良好道德中。就我们能够了解所 82

① 被称为"Dictator clavis figendae causa[为了钉进钉子的独裁者]"，T. Livy，lib. vii，cap. 3.[李维：《罗马史》卷Ⅶ，第 3 章，3—9。"据说，老人们回忆，一场瘟疫曾经因为这个独裁者钉入一颗钉子而得到缓解。由于受到这种迷信的诱导，元老院命令独裁者就职要钉钉子。"]

② 埃吉纳（Aegina），希腊萨龙湾岛屿上的一个历史悠久的城邦，距离雅典大约三十公里，公元前五世纪是雅典的重要对手。——译者

③ "策划"，AWC 版为"参与"，TLB 版为"策划"。——译者

④ Lib. vi.[希罗多德：《历史》，卷Ⅵ，第 91 章；参见汉译本，王以铸译，商务印书馆 2001 年版，第 440 页。]

⑤ "从来没有"，AWC 版为"很少"，TLB 版为"从来没有"。——译者

及，查琉库斯[①]的法[②]的崇高序言对洛克里人的激励不是通过比其他希腊人熟悉的更健全的任何对接受神的标准的概念。

4　于是，这种观察是普遍有效的；但是人们可能还不知道如何说明它。每个地方的人民都把他们的神贬低为他们自己的相似物，将它们单纯当作在某种程度上具有更多潜能和理智的人类创造物的物种，观察到这一点是不够的。这不能消除这个困难。因为没有一个人是如此愚蠢，以致当他根据他的自然理性进行判断时，他会不尊重德性和诚实这些人人能够拥有的最宝贵的品质。为什么不把同一种情感归于他的神？为什么不使整个宗教或宗教的主要部分在于这些成就？

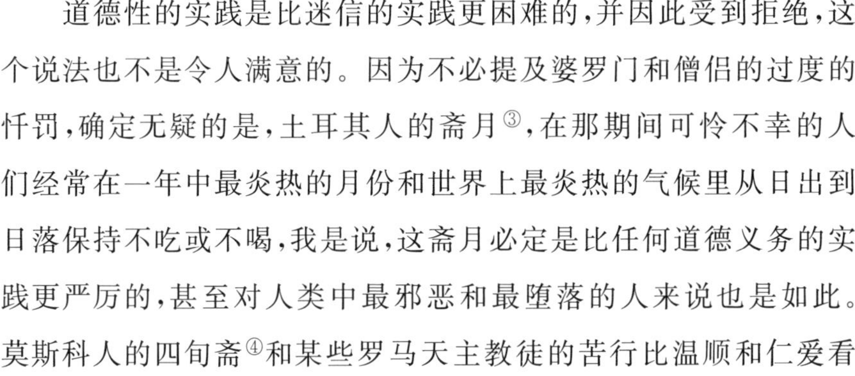

5　道德性的实践是比迷信的实践更困难的，并因此受到拒绝，这个说法也不是令人满意的。因为不必提及婆罗门和僧侣的过度的忏罚，确定无疑的是，土耳其人的斋月[③]，在那期间可怜不幸的人们经常在一年中最炎热的月份和世界上最炎热的气候里从日出到日落保持不吃或不喝，我是说，这斋月必定是比任何道德义务的实践更严厉的，甚至对人类中最邪恶和最堕落的人来说也是如此。莫斯科人的四旬斋[④]和某些罗马天主教徒的苦行比温顺和仁爱看

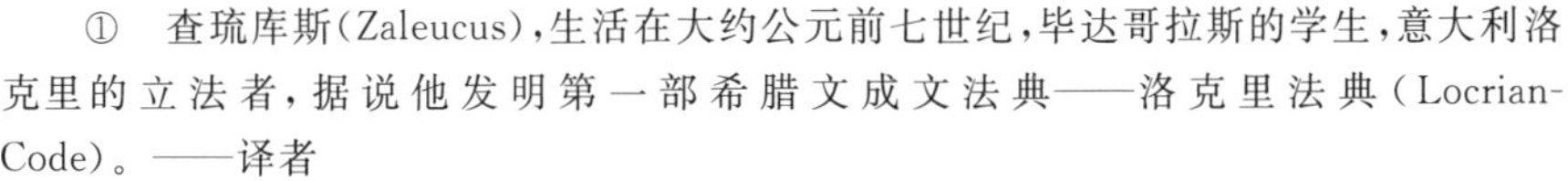

① 查琉库斯(Zaleucus)，生活在大约公元前七世纪，毕达哥拉斯的学生，意大利洛克里的立法者，据说他发明第一部希腊文成文法典——洛克里法典(Locrian-Code)。——译者

② 见于 Diod. Sic. lib. xii.［西西里的狄奥多罗斯：《历史丛书》卷Ⅻ，第 20—21 章。］

③ 斋月，伊斯兰历的第九月，是穆斯林封斋的一个月。——译者

④ 四旬斋，即大斋节，是基督徒为了纪念耶稣四十天荒野禁食而把每年复活节前四十天作为自己斋戒和忏悔时间的日子。——译者

起来更令人不快。简而言之，全部德性，当人们通过很少实践而接受它时，是令人愉快的；全部迷信则永远是令人憎恶的和累赘的。

6 或许下述说明可以作为这个困难的真正解决而加以接受。一个人作为朋友或父亲而履行的义务似乎单纯是对他的恩人或子女应尽的责任；他也不能欠缺这些义务而不打破一切自然的纽带和道德性的纽带。强烈的倾向可以促使他履行这些义务；对秩序和道德责任[①]的情感把它的力量汇合于这些自然的纽带；整个这个人，如果是真正有德性的，就被牵引向他的义务，不需要任何费心或努力。甚至在那些更严厉和更多基于反思的德性诸如公共精神、孝敬父母、节制或正直等方面，按照我们的理解，道德责任消除一切对宗教善功的自命主张，有德性的行为被视为不外就是我们对社会和对我们自己应尽的责任。在整个这个方面，迷信的人看不到他为了这个神[②]之故而已经适当履行的东西，或者能够把他
特别推荐给神的惠爱和保护的东西。他考虑不到侍奉神的最真正 83
的方法是促进其创造物的幸福。他仍然寻找对这个最高存在者的某种更直接的侍奉，以便减轻他头脑中萦回不去的那些恐怖。人们推荐给他的一切实践或者不能促进人生的任何目的，或者给他的自然倾向提供最强烈的暴力；正是由于这些因素，他将更容易接受的实践就是那种本应使他绝对拒绝的实践。它看来是更纯粹宗教性的实践，因为[③]它的起源没有混杂任何其他的动机或考虑。为了宗教之故，如果他牺牲很多舒适和宁静，他对善功的主张就似

① “道德责任”，AWC 版为“道德美”，TLB 版为“道德责任”。——译者

② “这个神”，AWC 版和 TLB 版为“他的神”。——译者

③ “因为”，AWC 版为“即”，TLB 版为“因为”。——译者

乎随着他发现热情和虔诚的增加而成比例增加给他。当他归还借物或偿还债务时，他的神绝不是他注目的，因为这些正义的行为是如果宇宙中没有神他都应当履行的东西和许多人都将会履行的东西。但是如果他斋戒一天或痛笞自己一鞭，在他看来这就与侍奉神有一种直接关联。没有其他动机能够促使他从事这样的苦行。通过这些显著的虔诚标志，他现在就获得神的惠爱，并且可以期望在回报上有现世的保护安全和来世的永恒幸福。

7　因此，在许多事例中最严重的罪行被发现与迷信的虔敬和虔诚相容；因此，根据一个人的宗教活动的热诚或严格而做出任何有利于他的道德的推论都被正当地视为不可靠的，即使他自己相信他的宗教活动是真诚的。不但如此，我们还观察到，穷凶极恶的罪行更易于产生迷信的恐怖和增加宗教的激情。波米尔卡[①]在策划阴谋要一次屠杀迦太基的整个元老院和侵犯他的国家的自由时，由于不断重视预兆和预言而丧失机会。“那些从事最邪恶和最危险的计划的人通常是最迷信的人”，正如一位古代历史学家[②]对这个事件评论的那样。他们的虔诚和精神信仰与他们的恐惧一道增加。喀提林纳[③]对国家宗教[④]的既定的神和公认的仪式感到不满；

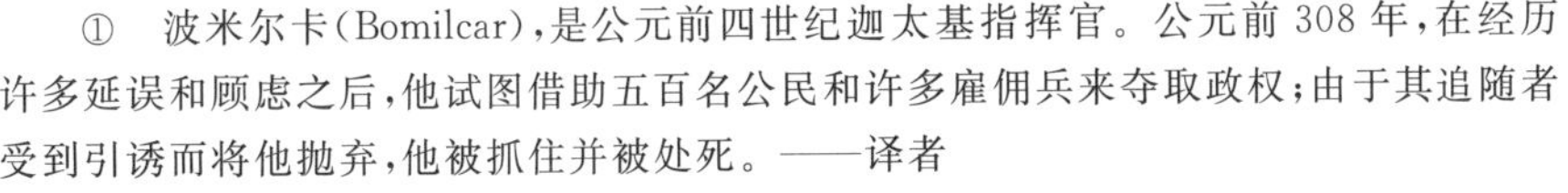

① 波米尔卡(Bomilcar)，是公元前四世纪迦太基指挥官。公元前308年，在经历许多延误和顾虑之后，他试图借助五百名公民和许多雇佣兵来夺取政权；由于其追随者受到引诱而将他抛弃，他被抓住并被处死。——译者

② Diod. Sic. lib. xx. [西西里的狄奥多罗斯：《历史丛书》卷XX，第43—44章。]

③ 喀提林纳(Catiline，约公元前108—前62年)，公元前68年被选为裁判官，次年被选为非洲行省总督，曾两次竞选执政官未获成功。在西塞罗任执政官时期，他结党密谋发动政变推翻共和国，西塞罗发现其阴谋并在元老院发表著名的反喀提林纳演说；阴谋败露后，喀提林纳逃脱，后来在与共和国军队的战斗中战败被杀。——译者

④ “国家宗教”，AWC版为“他的国家宗教”，TLB版为“国家宗教”。——译者

他的焦虑的恐怖使他寻求这方面的新发明①，如果他还是一个好公民和服从他的国家的法，他就绝不可能梦想到这方面的新发明。

8 对此我们可以补充，犯罪之后出现懊悔和隐秘的惊恐，这些不给心灵以任何休息，而使心灵诉诸宗教仪式和典礼作为其犯罪的补赎。凡是削弱或扰乱心灵内在构造的东西都促进迷信的利益； 84
对迷信的利益最具毁灭性的东西不是别的，而是一种男人气质的稳重的德性，这种德性或者保护我们免遭令人抑郁的灾难事故，或者教会我们忍受它们。在心灵的这样平静的阳光灿烂时期，这些假神的幽影从来不会显现。另一方面，当我们把自己遗弃给我们胆怯焦虑的心的自然的未受约束的暗示时，由于我们感到忧虑的恐怖，每一种野蛮就被归于最高存在者；由于我们为了安抚它而采取的方法，每一种任性就被归于它。**野蛮，任性**，这些无论在名称上如何伪装的品质，我们可以普遍观察到，构成通俗宗教中神的主导性格。甚至牧师们不是矫正人类的这些败坏的观念，而是经常被发现乐于培育和鼓励它们。神被描绘得愈巨大，人们就愈驯服和愈顺从地变成他的使节；神要求的接受标准愈不可说明，放弃我们的自然理性、屈服于他的使节的幽灵般的指导和指引就变得愈必要。因此，我们可以承认，人们的诡计加重我们在这方面的自然弱点和愚蠢，但是从来没有在起源上产生它们。它们的根更深地扎进心灵，发源于人的本性的基本的和普遍的属性。

① Cic. catil. 1. Sallust. de bello Catil.［西塞罗：《反喀提林纳演说》第一篇，第 6 章和第 9 章；撒路斯提乌斯：《对喀提林纳的战争》第 22 章。参见撒路斯提乌斯：《喀提林阴谋　朱古达战争：附西塞罗：反喀提林演说四篇》，王以铸、崔妙因译，商务印书馆 1996 年版，第 164 页和第 167—168 页；第 111—112 页。］

第十五章　一般的推论 85

1　虽然野蛮的和未受教化的人们的愚蠢是如此严重，以致他们在他们非常熟悉的较明显的自然的作品中可能看不出最高创作者，然而看来几乎不可能的是，当这个观念一旦被提示给任何一个具有良好知性的人时，他将会拒绝它。意图、意向、设计是每个事物中显而易见的；当我们的领悟力被扩大到如此辽远，以至于静观到这个可见体系的最初出现时，我们必定以最强的确信来采纳对某个理智性的原因或创作者的观念。贯穿整个宇宙的构造的齐一准则也自然地，如果不是必然地，引导我们把这个理智设想为单个的和未分的，在教育的偏见不反对一种如此合理的理论的地方。甚至自然的矛盾通过把它们自己到处显露出来，而变成某个一致的计划的证明，并确立一个不论多么不可说明和不可理解的单个意图或意向。

2　善和恶是普遍地交织的和混杂的，幸福和苦难、智慧和愚蠢、德性和恶行也是如此。没有什么东西是纯粹的和完全单一的。一切优势都伴随着劣势。一种普遍的补偿盛行在一切存在和实存的状态中。对我们来说，根据我们的最荒诞的愿望来形成对某个完全可欲的地位或境况的观念，是不①可能的。按照诗人的虚构，生

① “不”，AWC 版为“几乎不”，TLB 版为“不”。——译者

命的饮料总是从朱庇特的两只手上的容器中混合调制的；或者如果任何一杯被调制成完全纯粹的，正如同一位诗人告诉我们的，它只是抽取自他的左手的容器。[①]

3 任何一种给予我们以少量样品的善愈精致，与它相关联的恶就愈剧烈；这条齐一的自然法则很少被发现有例外。最活泼的机智毗邻于疯狂；最宣泄的欢乐产生最深沉的抑郁；最心醉的快乐伴随最难受的疲惫和厌恶；最媚人的希望让路于最严重的失望。而且一般说来，最安全（因为幸福不应当被梦想到）的人生过程就是尽可能在每个事情中保持中庸和恬淡的那种节制的和温和的人生过程。

4 由于善的东西、伟大的东西、崇高的东西、心醉的东西在一神 86
信仰的真正原则中显著被发现，根据自然的类比，我们可以期望，卑鄙的东西、荒谬的东西、低贱的东西、恐怖的东西在宗教的虚构和幻想中将同等被发现。

5 相信不可见的理智性力量的普遍倾向如果不是原始本能，至少是人的本性的一般伴随物，它可以被当作那个神性工匠在其作品上设置的一种标志或标记；当然，最能赋予人类以尊严的莫过于以这种方式从创造的所有部分中拣选出来和带有那个普遍创造者的形象或印记。但是看一看这个形象在世界的通俗宗教中出现[②]的情形。在我们对神的描绘中他何等被丑化！何等任性、荒谬和

---

① 荷马：《伊利亚特》卷XXIV，第527—533行；参见汉译本，陈中梅译注，译林出版社2000年版，第675页。——译者

② “出现”，AWC版为“通常出现”，TLB版为“出现”。——译者

不道德被归于他！他何等被贬低，甚至低于我们日常生活中将会自然归于具有健全感官和德性的人的性格！

6　获得对最高存在者的知识，并能够从自然的可见的作品中推出如此崇高的原则作为自然的最高创造者，这是人的理性的何等高贵的特权？但是翻到这枚勋章的反面。观察大多数民族和大多数时代。考察这个世界中事实上已经盛行的宗教原则。你们将几乎不会信服它们绝不是病人的梦幻，或者你们也许将会把它们看作人形猿猴的玩耍的嬉闹，而不看作凭借“有理性的”之名而使自己具有尊严的存在者的严肃的、肯定的和独断的宣称。

7　倾听所有人的言语声明，没有什么东西是像他们的宗教信条那样确定的[①]。考察他们的生活，你们将几乎不会认为他们对他们的宗教信条抱有最微末的信赖。

8　最伟大和最真实的热忱毫不向我们保证不是伪善；最公开的不虔敬伴随着隐秘的惧怕和懊悔。

9　没有神学荒谬如此耀眼，以致它们没有被拥有最伟大和最受教化的知性的人们有时接受。没有宗教箴规如此严厉，以致它们没有被最放荡淫逸和最自甘堕落的人们采纳。

10　***无知是虔诚之母***；这是一个格言式的、已经由一般经验确证的准则。寻找一个完全缺乏宗教的民族：如果你们竟找到他们，请确信他们只是刚刚脱离野兽。

---

① “没有什么东西是像他们的宗教信条那样确信的”，AWC 版为“没有什么东西他们是像他们的宗教信条那样确信的”，TLB 版为“没有什么东西是像他们的宗教信条那样确信的”。——译者

11 有什么像某些神学体系中包含的某些道德一样如此纯粹？有什么像这些神学体系产生的某些实践一样如此腐败？

12 对来世的信念展现的舒适景象是令人陶醉和高兴的。但是当 87
更牢固和更持久占住着人的心灵的来世的恐怖出现时，这些舒适景象多么迅速消失？

13 整个是一个谜，一个奥秘，一个不可说明的奥秘。怀疑、不确定性、悬置判断看来是我们对这个主题的最精确考察的唯一结果。但是人的理性是如此脆弱，意见的漫延是如此不可抵挡，以致如果我们没有扩大我们的视野，没有以一种迷信反对另一种迷信，让它们相互争吵，而在它们狂怒和争吵期间，我们自己幸运地使我们逃进哲学的平静的尽管晦涩的领域，甚至这种审慎的怀疑也几乎不能得到维持。

参考文献

本参考文献列出的是译者在翻译和校订此书过程中使用的原著、译著、研究论著和工具书等。

一、本书原著及译本

The Natural History of Religion, in *The Philosophical Works of David Hume*, Vol. 4, Edinburgh: Printed for Adam Black and William Tait; and Charles Tait, 63, Fleet Street, London, 1826.

The Natural History of Religion and Dialogues Concerning Natural Religion, ed by A. Wayne Colver and John Valdimir Price, Oxford: Clarendon Press, 1976. 简称 AWC 版。

Dialogues Concerning Natural Religion and The Natural History of Religion, ed. by J. C. A. Gaskin, Oxford: Oxford University Press, 1993.

A Dissertation on the Passions and The Natural History of Religion: A Critical Edition, ed. by Tom L. Beauchamp, Oxford: Clarendon Press, 2007. 简称 TLB 版。

Die Naturgeschichte der Religion, übers. und hrsg. von Lothar Kreimendahl, Hamburg: Felix Meiner Verlag, 1984.

《宗教的自然史》,徐晓宏译,上海人民出版社,2003 年。

二、其他原著

阿里安:《亚历山大远征记》,李活译,商务印书馆,2007 年。

奥古斯丁:《上帝之城》,王晓朝译,人民出版社,2006 年。

奥勒留:《沉思录》,何怀宏译,三联书店,2002 年。

奥维德:《变形记》,杨周翰译,人民文学出版社,1984 年。

柏拉图:《柏拉图全集》第二卷,王晓朝译,人民出版社,2003 年。

柏拉图:《柏拉图全集》第三卷,王晓朝译,人民出版社,2003 年。

柏拉图:《柏拉图全集》第一卷,王晓朝译,人民出版社,2002 年。

荷马:《伊利亚特》,陈中梅译注,译林出版社,2000 年。

荷马:《伊利亚特》,罗念生译,载于《罗念生全集》第五卷,上海人民出版社,2004 年。

赫西俄德:《工作与时日神谱》,张竹明、蒋平译,商务印书馆,1991 年。

恺撒:《高卢战记》,任炳湘译,商务印书馆,1979 年。

恺撒:《内战记》,任炳湘、王士俊译,商务印书馆,1986 年。

拉尔修:《名哲言行录》,马永翔等译,吉林人民出版社,2003 年。

朗吉努斯:《论崇高》,缪灵珠译,载《缪灵珠美学译文集》第一卷,章安祺编订,中国人民大学出版社,1998 年。

卢克莱修:《物性论》,方书春译,商务印书馆,1981 年。

罗念生选编:《古希腊罗马文学作品选》,北京出版社,1988 年。

弥尔顿:《失乐园》,朱维之译,上海译文出版社,1984 年。

欧里庇得斯:《欧里庇得斯悲剧》上,张竹明译,译林出版社,2007 年。

培根:《培根论说文集》,水天同译,商务印书馆,1983 年第二版。

普鲁塔克:《希腊罗马名人传》,黄宏煦主编,陆永庭、吴彭鹏等译,商务印书馆,1995 年。

撒路斯提乌斯:《喀提林阴谋 朱古达战争》,王以铸、崔妙因译,商务印书馆,1996 年。

塞涅卡:《幸福而短促的人生——塞涅卡道德书简》,赵又春、张建军译,上海三联书店,1989 年。

色诺芬:《回忆苏格拉底》,吴永泉译,商务印书馆,1986 年。

色诺芬:《经济论 雅典的收入》,张伯健、陆大年译,商务印书馆,1961 年。

色诺芬:《长征记》,崔金戎译,商务印书馆,1997 年。

苏埃托尼乌斯:《罗马十二帝王传》,张竹明、王乃新、蒋平等译,商务印书馆,1995 年。

塔西佗:《阿古利可拉传 日耳曼尼亚志》,马雍、傅正元译,商务印书馆,1985 年。

塔西佗:《编年史》上、下册,王以铸、崔妙因译,商务印书馆,1981 年。

塔西佗:《历史》,王以铸、崔妙因译,商务印书馆,1981 年。

希罗多德:《历史》上、下册,王以铸译,商务印书馆,2001 年。

休谟:《道德原则研究》,曾晓平译,商务印书馆,2001 年。

休谟:《人类理智研究》,吕大吉译,商务印书馆,1999 年。

休谟:《人性论》上、下册,关文运译,郑之骧校,商务印书馆,1983 年。

休谟:《自然宗教对话录》,陈修斋、曹棉之译,商务印书馆,1989 年。

修昔底德:《伯罗奔尼撒战争史》上、下册,谢德风译,商务印书馆,1985 年。

亚里士多德:《问题集》,徐开来译,载《亚里士多德全集》第六卷,苗力田主编,中国人民大学出版社,1995 年。

Arnobius, *The Seven Books of Arnobius Adversus Gentes*, trans. by Hamilton Bryce and Hugh Campbell, Edinburgh: T. & T. Clark, 38, George Street, 1871.

Arrian, *Anabasis of Alexander*, Vol. 1, trans. by P. A. Brunt, Cambridge,

Mass. and London, England: Harvard University Press, 1989.

Arrian, *Anabasis of Alexander*, Vol. 2, trans. by P. A. Brunt, Cambridge, Mass. and London, England: Harvard University Press, 1996.

Cicero, *Cicero on Divination*, Book 1, trans. by David Wardle, Oxford: Clarendon Press, 2006.

Cicero, *Cicero* Vol. 9: *Orations*, trans. by H. Grose Hodge, Cambridge, Mass. and London, England: Harvard University Press, 1990.

Cicero, *Cicero* Vol. 10: *Orations*, trans. by C. MacDonald, Cambridge, Mass. and London, England: Harvard University Press, 2001.

Cicero, *Cicero* Vol. 18: *Tusculan Disputations*, trans. by J. E. King, Cambridge, Mass. and London, England: Harvard University Press, 2001.

Cicero, *The Nature of the Gods*, trans. by P. G. Walsh, Oxford: Clarendon Press, 1997.

Cicero, *The Tusculan Disputations of Cicero*, rev. and corr. by W. H. Main, London: Published by W. Pickering, 1826.

Curtius, Quintus, *History of Alexander*, Vol. 1, trans. by John. C. Rolfe, Cambridge, Mass. and London, England: Harvard University Press, 1998.

Curtius, Quintus, *History of Alexander*, Vol. 2, trans. by John. C. Rolfe, Cambrideg, Mass. and London, England: Harvard University Press, 1999.

Diodorus Siculus, *The Library of History*, Vol. 1, trans. by C. H. Oldfather, Cambridge, Mass. and London, England: Harvard University Press, 1998.

Diodorus Siculus, *The Library of History*, Vol. 2, trans. by C. H. Oldfather, Cambridge, Mass. and London, England: Harvard University Press, 2000.

Diodorus Siculus, *The Library of History*, Vol. 4, trans. by C. H. Oldfather, Cambridge, Mass. and London, England: Harvard University Press, 1989.

Diodorus Siculus, *The Library of History*, Vol. 7, trans. by Charles L. Sherman, Cambridge, Mass. and London, England: Harvard University Press, 2001.

Diodorus Siculus, *The Library of History*, Vol. 8, trans. by C. Bradford Welles, Cambridge, Mass. and London, England: Harvard University Press, 1997.

Diodorus Siculus, *The Library of History*, Vol. 10, trans. by Russel M. Geer, Cambridge, Mass. and London, England: Harvard University Press, 2002.

Diodorus the Sicilian, *The Historical Library of Diodorus the Sicilian*, trans. by G. Booth, Vols. 1 - 2, London: Printed by W. McDowall, Pemberton Row, Gough Square, Fleet Street, 1814.

Diogenes Laertius, *Lives of Eminent Philosophers*, Vols. 1 - 2, trans. by R. D. Hicks, Cambridge, Mass. and London, England: Harvard University Press, 2000.

Diogenes Laertius, *The Lives and Opinions of Eminent Philosophers*, trans. by C. D. Yonge, London: Henry G. Bohn, York Street, Covent Garden, 1853.

Dionysius of Halicarnassus, *Roman Antiquities*, Vol. 4, trans. by Earnest Cary, Cambridge, Mass.: Harvard University Press and London: William Heinemann Ltd., 1986.

Dionysius of Halicarnassus, *Roman Antiquities*, Vol. 5, trans. by Earnest Cary, London: William Heineman Ltd. and Cambridge, Mass.: Harvard University Press, 1986.

Epictetus, *The Discourses as Reported by Arrian*, trans. by W. A. Oldfather, Cambridge, Mass. and London, England: Harvard University Press, 2000.

Epictetus, *The Discourses, Fragments, Encheiridion*, trans. by W. A. Oldfather, Cambridge, Mass. and London, England: Harvard University

Press,2000.

Epictetus, *Handbook of Epictetus*, trans. by Nicholas White, Indianapolis and Cambridge: Hackett Publishing Company, 1983.

Herodian, *History of the Empire*, Vol. 1, trans. by C. R. Whittaker, Cambridge, Mass. and London, England: Harvard University Press, 1995.

Herodian, *History of the Empire*, Vol. 2, trans. by C. R. Whittaker, Cambridge, Mass. and London, England: Harvard University Press, 1999.

Herodotus, *The Persian Wars*, Vol. 1, trans. by A. D. Godley, Cambridge, Mass. and London, England: Harvard University Press, 1999.

Herodotus, *The Persian Wars*, Vol. 2, trans. by A. D. Godley, Cambridge, Mass. and London, England: Harvard University Press, 2000.

Herodotus, *The Persian Wars*, Vol. 3, trans. by A. D. Godley, Cambridge, Mass. and London, England: Harvard University Press, 1998.

Horace, *Horace's Odes and Epodes*, trans. by Charles E. Bennett, Cambridge, Mass. and London, England: Harvard University Press, 1999.

Hume, David, *A Treatise of Human Nature*, critical edition, Vol. 1: Texts, edited by David Fate Norton and Mary J. Norton, Oxford: Clarendon Press, 2007.

Hume, David, *A Treatise of Human Nature*, critical edition, Vol. 2: Editorial Material, edited by David Fate Norton and Mary J. Norton, Oxford: Clarendon Press, 2007.

Hume, David, *An Enquiry Concerning Human Understanding*, critical edition, editied by Tom L. Beauchamp, Oxford: Clarendon Press, 2000.

Hume, David, *An Enquiry concerning the Principles of Morals*, critical edition, edited by Tom L. Beauchamp, Oxford: Clarendon Press, 1998.

Livy, *The History of Rome*, Vol. 2, trans. by George Baker, Philadelphia: Pub-

lished by Samuel F. Bradford, 1823.

Lucian, *Lucian*, Vol. 3, trans. by A. M. Harmon, Cambridge, Mass. and London, England: Harvard University Press, 1995.

Lucian, *Lucian*, Vol. 4, trans. by A. M. Harmon, Cambridge, Mass. and London, England: Harvard University Press, 1999.

Lucian, *Lucian*, Vol. 6, trans. by K. Kilburn, Cambridge, Mass. and London, England: Harvard Univeristy Press, 1990.

Manilius, *Astronomica*, ed. and trans. by G. P. Goold, Cambridge, Mass. and London, England: Harvard Univeristy Press, 1997.

Ovid, *Metamorphoses*, Vol. 1, trans. by Frank Justus Miller, rev. by G. P. Goold, Cambridge, Mass. and London, England: Harvard Univeristy Press, 1999.

Ovid, *Metamorphoses*, Vol. 2, trans. by Frank Justus Miller, rev. by G. P. Goold, Cambridge, Mass. and London, England: Harvard Univeristy Press, 1994.

Pliny, *Natural History*, Vol. 1, trans. by H. Rackham, Cambridge, Mass. and London, England: Harvard Univeristy Press, 1997.

Pliny, *Natural History*, Vol. 10, trans. by D. E. Eichholz, Cambridge, Mass. and London, England: Harvard Univeristy Press, 2001.

Pliny, *The Natural History of Pliny*, Vol. 1, trans. by John Bostock and H. T. Riley, London: Hery G. Bohn, York Street, Covent Garden, 1855.

Pliny, *The Natural History of Pliny*, Vol. 5, trans. by John Bostock and H. T. Riley, London: Hery G. Bohn, York Street, Covent Garden, 1856.

Plutarch, *Plutarch's Lives*, Vols. 1 – 5, Dryden's translation, corr. by A. H. Clough, Boston: Little, Brown, and Company, 1906.

Plutarch, *Plutarch's Morals*, Vols. 1 – 5, trans. from the Greek by several

hands. corr. and rev. by William W. Goodwin, Boston: Little, Brown, and Company, 1878.

Seneca, *Morla and Political Essays*, ed. and trans. by John M. Cooper and J. F. Procopé, Cambridge: Cambridge University Press, 2003.

Seneca, *Seneca: Selected Philosophical Letters*, trans. by Brad Inwood, Oxford: Oxford University Press, 2007.

Strabo, *The Geography of Strabo*, Vol. 1, trans. by H. C. Hamilton and W. Falconer, London: Henry G. Bohn, York Street, Covent Garden, 1856.

Strabo, *The Geography of Strabo*, Vol. 2, trans. by Horace Leonard Jones, Cambridge, Mass. and London, England: Harvard University Press, 1999.

Strabo, *The Geography of Strabo*, Vol. 3, trans. by Horace Leonard Jones, Cambridge, Mass. and London, England: Harvard University Press, 2001.

Suetonius, *Lives of the Caesars*, Vols. 1 – 2, trans. by J. C. Rolfe, Cambridge, Mass. and London, England: Harvard University Press, 2001.

Tacitus, *Agricola*, *Germania*, *Diologus*, trans. by M. Hutton and W. Peterson, rev. by R. M. Ogilvie, E. H. Warmington and M. Winterbotton, Cambridge, Mass. and London, England: Harvard University Press, 1996.

Tacitus, *The Histories*, Books 1 – 3, trans. by Clifford H. Moore, Cambridge, Mass. and London, England: Harvard University Press, 2003.

Tacitus, *The Histories*, Books 4 – 5, *The Annals*, Books 1 – 3, trans. by Clifford H. Moore and John Jackson, Cambridge, Mass. and London, England: Harvard University Press, 1992.

三、研究论著

Cabrera, Miguel A. B., *Hume's Reflection on Religion*, Dordrecht, Boston and

London: Kluwer Academic Publishers, 2001.

Cordry, Benjamin S., "A More Dangerous Enemy? Philo's 'Confession' and Hume's Soft Atheism", *International Journal for Philosophy of Religion*, Vol. 70, No. 1 (August 2011), pp. 61 – 83.

Crowe, Benjamin D., "Religion and the 'Sensitive Branch' of Human Nature", *Religious Studies*, Vol. 46, No. 2 (June 2010), pp. 251 – 263.

Falkenstein, Lorne, "Hume's Project in *The Natural History of Religion*", *Religious Studies*, Vol. 39, No. 1 (March 2003), pp. 1 – 21.

Ferreira, M. Jamie, "Religion's 'Foundation in Reason': The Common Sense of Hume's Natural History", *Canadian Journal of Philosophy*, Vol. 24, No. 4 (December 1994), pp. 565 – 581.

Fieser, James (ed.), *Early Responses to Hume's Writings on Religion*, Vols. 1 – 2, Bristol, England: Thoemmes Press, 2001.

Gaskin, J. C. A., *Hume's Philosophy of Religion*, 2nd edition, London: Macmillan, 1988.

Goodnick, Elizabeth E., *The Role of Naturalistic Explanation in Hume's Critique of Religious Belief*, The University of Michigan, PhD dissertation, 2010.

Harrison, Peter, "Prophecy, Early Modern Apologetics, and Hume's Argument against Miracles", *Journal of the History of Ideas*, Vol. 60, No. 2 (April 1999), pp. 241 – 256.

Herdt, Jennifer A., *Religion and Faction in Hume's Moral Philosophy*, Cambridge: Cambridge University Press, 1997.

Holley, David M., "The Role of Anthropomorphism in Hume's Critique of Theism", *International Journal for Philosophy of Religion*, Vol. 51, No. 2 (April 2002), pp. 83 – 99.

Jones, Peter, "Hume's Two Concepts of God", *Philosophy*, Vol. 47, No. 182 (October 1972), pp. 322 - 333.

Kail, P. J. E., "Understanding Hume's *Natural History of Religion*", *The Philosophical Quarterly*, Vol. 57, No. 227 (April 2007), pp. 190 - 211.

Livingston, Donald W., "Hume on the Origin and Evolution of Religious and Philosophical Consciousness", *Reason Papers*, No. 15 (Summer 1990), 3 - 23.

Malherbe, Michel, "Hume's *Natural History of Religion*", *Hume Studies*, Vol. 21, No. 2 (November, 1995), pp. 255 - 274.

Marušić, Jennifer S., "Refuting the Whole System? Hume's Attack on Popular Religion in *The Natural History of Religion*", *The Philosophical Quarterly*, Vol. 62, No. 249 (October 2012), pp. 715 - 736.

Merrill, Kenneth R. and Wester, Donald G., "Hume on the Relation of Religion to Morality", *The Journal of Religion*, Vol. 60, No. 3 (July 1980), pp. 272 - 284.

Mossner, Ernest C., "The Enigma of Hume", *Mind*, Vol. 45, No. 179 (July 1936), pp. 334 - 349.

Mossner, Ernest C., "The Religion of David Hume", *Journal of the History of Ideas*, Vol. 39, No. 4 (October-December 1978), pp. 653 - 663.

Penelhum, Terence, "Natural Belief and Religious Belief in Hume's Philosophy", *The Philosophical Quarterly*, Vol. 33, No. 131 (April 1983), pp. 166 - 181.

Phillips, D. Z. and Tessin, T. (eds.), *Religion and Hume's Legacy*, Basingstoke: Macmillan, 1999.

Sabl, Andrew, "The Last Artificial Virtue: Hume on Toleration and Its Lessons", *Political Theory*, Vol. 37, No. 4 (August 2009), pp. 511 - 538.

Segal, Robert A., "Hume's *Natural History of Religion* and the Beginning of the Social Scientific Study of Religion", *Religion*, Vol. 24(1994), No. 3, pp. 225 - 234.

Siebert, Donald T., "Hume on Idolatry and Incarnation", *Journal of the History of Ideas*, Vol. 45, No. 3(July-September 1984), pp. 379 - 396.

Thomsen, Anton, "David Hume's *Natural History of Religion*", *The Monist*, Vol. 19, No. 2(April 1909), pp. 269 - 288.

Tweyman, Stanley(ed.), *David Hume: Critical Assessments*, Vol. 5, London and New York: Routledge, 1995.

Webb, Mark, "The Argument of the *Natural History*", *Hume Studies*, Vol. 17, No. 2(November, 1991), pp. 141 - 160.

Wheatley, Christopher J., "Polemical Aspects of Hume's *Natural History of Religion*", *Eighteenth-Century Studies*, Vol. 19, No. 4(Summer 1986), pp. 502 - 514.

Yandell, Keith E., "Hume's Explanation of Religious Belief", *Hume Studies*, Vol. 5, No. 2(November 1979), pp. 94 - 109.

Yandell, Keith E., *Hume's Inexplicable Mystery*, Philadelphia: Temple University Press, 1990.

四、辞典和百科全书

鲍特文尼克等编:《神话辞典》,黄鸿森、温乃铮译,商务印书馆,1985 年。

齐默尔曼编:《希腊罗马神话辞典》,张霖欣编译,王曾选审校,陕西人民出版社,1987 年。

鲁刚、郑述谱编译:《希腊罗马神话词典》,中国社会科学出版社,1984 年。

Encyclopedia Britannica, Encyclopedia Britannica, Inc., 1964.

High Beam Encyclopedia, http://www.encyclopedia.com/

The Nuttall Encyclopaedia, http://words.fromoldbooks.org/Wood-Nuttall-1Encyclopaedia/

索　　引

本索引系译者参考《休谟哲学著作集》第四卷的索引和 TLB 版的休谟索引和编者索引编制而成，以汉语拼音为序排列；索引中页码为 TLB 版原书页码，即本书边码。